A teologia na atualidade: cidadania e influência midiática

Cícero Manoel Bezerra

A teologia na atualidade: cidadania e influência midiática

Rua Clara Vendramin, 58 . Mossunguê
CEP 81200-170 . Curitiba . PR . Brasil
Fone: (41) 2106-4170
www.intersaberes.com
editora@intersaberes.com

Conselho editorial
Dr. Alexandre Coutinho Pagliarini
Dr.ª Elena Godoy
Dr. Neri dos Santos
Dr. Ulf Gregor Baranow

Editora-chefe
Lindsay Azambuja

Gerente editorial
Ariadne Nunes Wenger

Assistente editorial
Daniela Viroli Pereira Pinto

Preparação de originais
Fabrícia E. de Souza

Edição de texto
Monique Francis Fagundes Gonçalves
Palavra do Editor

Capa
Charles L. da Silva (*design*)
KanokpolTokumhnerd e oatawa/
Shutterstock (imagem de fundo)

Projeto gráfico
Charles L. da Silva

Diagramação
Estúdio Nótua

Equipe de *design*
Iná Trigo
Sílvio Gabriel Spannenberg

Iconografia
Regina Claudia Cruz Prestes

Dados Internacionais de Catalogação na Publicação (CIP)
(Câmara Brasileira do Livro, SP, Brasil)

Bezerra, Cícero Manoel
 A teologia na atualidade: cidadania e influência midiática/Cícero Manoel Bezerra. Curitiba: Editora Intersaberes, 2022. (Série conhecimentos em teologia)
 Bibliografia.
 ISBN 978-65-5517-081-8

 1. Cidadania 2. Comunicação de massa – Aspectos religiosos 3. Igreja e o mundo 4. Teologia 5. Teologia social I. Título. II. Série.

22-122135   CDD-261.52

Índices para catálogo sistemático:
1. Teologia social: Mídia: Cristianismo 261.52
Cibele Maria Dias – Bibliotecária – CRB-8/9427

1ª edição, 2022
Foi feito o depósito legal.

Informamos que é de inteira responsabilidade do autor a emissão de conceitos.

Nenhuma parte desta publicação poderá ser reproduzida por qualquer meio ou forma sem a prévia autorização da Editora InterSaberes.

A violação dos direitos autorais é crime estabelecido na Lei n. 9.610/1998 e punido pelo art. 184 do Código Penal.

sumário

11   *apresentação*

capítulo um

15   A teologia e o impacto na sociedade

17   1.1 Como a teologia pode impactar a sociedade

22   1.2 A teologia da cruz como fundamento para a fé

31   1.3 Apontamentos teológicos

32   1.4 Teologia e o conhecimento de Deus

capítulo dois

47   Concepção teológica sobre cidadania

48   2.1 O conceito de cidadania

50   2.2 Cidadania na prática

54   2.3 A teologia e sua prática na sociedade

54   2.4 Como a teologia propõe o enfrentamento da pobreza

capítulo três

69 Conceito de sociedade segundo a teoria da ação comunicativa de Habermas: uma perspectiva teológica

71 3.1 A opinião pública segundo a teoria da ação comunicativa de Habermas

74 3.2 A razão comunicativa como ponto de análise da sociedade

80 3.3 A teoria da ação comunicativa e suas implicações sociais

84 3.4 Habermas e sua influência na sociedade contemporânea

85 3.5 Habermas, o sujeito pós--moderno e os reflexos na sociedade contemporânea

capítulo quatro

97 A sociedade contemporânea influenciada pelo sistema de comunicação

99 4.1 O poder da mídia na sociedade

117 4.2 A influência da mídia e a teoria do agendamento para a formação de opinião

118 4.3 A sociedade e o sujeito midiático e suas implicações teológicas

125 4.4 A teologia e os processos midiáticos

capítulo cinco

133 As perspectivas da sociedade no âmbito das teologias

134 5.1 As ideologias no âmbito da comunicação religiosa

136 5.2 A formatação do pensamento ideológico com abordagens teológicas

139 5.3 A ideologia vinculada com os fenômenos da existência social

capítulo seis

145 Caminhando para uma teologia da cidadania

147 6.1 Uma reação teológica da sociedade abrangente

149 6.2 As ações de Jesus como referência para uma teologia na sociedade

165 6.3 A sociedade e os aspectos religiosos

174 6.4 A sociedade e a teologia

199 6.5 Valores para uma cultura de paz

213 *considerações finais*

215 *referências*

235 *bibliografia comentada*

241 *respostas*

245 *sobre o autor*

Dedico este livro para minha querida neta Luiza Correa Bezerra.
Para sempre na memória – 2022.

apresentação

Os assuntos relacionados à teologia e à sociedade são de suma importância para o debate público e para a produção de uma base conceitual que permita entender a sociedade e suas variáveis. O viver e o modo de vida na sociedade contemporânea são muito complexos, e cabe ao cidadão cristão conhecer as tendências e acompanhar os diversos fatores que determinam a forma de viver em um ambiente tecnológico, religioso e digital.

Desse modo, esta obra tem por finalidade abordar a teologia e suas implicações no viver cotidiano.

No primeiro capítulo, veremos como a teologia pode pautar o modo de vida da sociedade e a mensagem da cruz como referencial cristão, sendo destacados alguns pontos fundamentais para que o cristão viva de tal forma que não seja influenciado por valores contrários aos postulados cristãos. Trataremos também da teologia e do conhecimento de Deus, já que, se homem e mulher têm um bom conhecimento da pessoa de Deus, acabam sendo beneficiados pelos respectivos valores, que trarão bons resultados para seu modo de vida.

No segundo capítulo, examinaremos concepções teológicas de cidadania e a forma como a teologia vai pautar os posicionamentos cristãos, trabalhando alguns conceitos fundamentais sobre a vida, os valores essenciais para o viver de modo digno em uma sociedade que tende para a corrupção e para a quebra dos princípios éticos. Nessa análise, levaremos em conta a identidade cristã, a ecologicidade, a preservação do meio ambiente como modo de vida e o respeito aos limites da criação, a fim de mantermos o planeta como casa comum e preservarmos os contornos da criação. Abordaremos, ainda, o enfrentamento da pobreza, apontando caminhos para a solução das desigualdades e das poucas oportunidades destinadas aos mais pobres.

No terceiro capítulo, apresentaremos uma abordagem meticulosa e objetiva sobre os conceitos da teoria da ação comunicativa de Habermas, seus aspectos fundamentais para a formação de opinião e apontamentos para os cristãos. Sob uma perspectiva teológica, analisaremos essa teoria tendo em conta a pós modernidade, o sujeito pós-moderno e seu modo de vida. Veremos que a teologia exerce um papel de suma importância para ajudar as pessoas a se situarem no mundo, buscando um ponto de equilíbrio na vida em sociedade.

No quarto capítulo, versaremos sobre o impacto dos meios de comunicação na sociedade, a formação de opinião e a teoria do agendamento. Hoje, quem dá as pautas? Quem forma opinião? Destacaremos a força dos conglomerados midiáticos e a necessidade de a teologia pautar a reflexão dos cristãos para que não sejam manipulados pelos meios de comunicação atuantes nos espaços sociais.

No quinto capítulo, enfocaremos as perspectivas das sociedades no âmbito da teologia, a formação e a influência das ideologias, os conceitos ideológicos e seu alcance na vida das pessoas, bem como a forma como a mídia e os conglomerados midiáticos se aproveitam dos espaços de comunicação para apresentarem suas opiniões.

No sexto capítulo, descreveremos algumas propostas baseadas nas posturas de Jesus, apresentando alternativas a serem seguidas. Jesus é o referencial teológico e prático do modo de vida dos sujeitos. Uma sociedade que promova a liberdade pode ser considerada uma sociedade libertadora. A promoção das igualdades e o reconhecimento de que a sociedade pode existir de forma plena favorecem o estabelecimento da equidade e de uma boa qualidade de vida para os sujeitos cristãos. Nesse contexto, examinaremos temas como o diálogo religioso e a amplitude de um ambiente plural.

Desejamos que você seja beneficiado com os postulados discutidos aqui e que o conhecimento adquirido e os temas analisados possam estimular uma participação teológica e cidadã.

capítulo um

A teologia e o impacto na sociedade

A tarefa teológica dos autores cristãos sempre levou em conta a necessidade de se conservar a sabedoria cristã, recebida em revelação da parte de Deus por meio das Escrituras Sagradas. Em todos os momentos, a consciência da fé cristã age como um estímulo para a reflexão e o controle das pesquisas teológicas. Há, portanto, uma influência benéfica entre a filosofia e a teologia, da qual os escritores cristãos fazem bom uso, e uma ciência acaba fundamentando a outra com argumentos salutares. Nessa tarefa, configura-se uma tradição, à qual a teologia permanece fiel com notável esforço tanto pelo fervor da própria fé quanto pelo seu encontro com a sociedade.

A fé deve testemunhar os processos mentais daquele que acredita e os contextos culturais e sociais em que os cristãos se encontram. Pensar a teologia e seu papel conjuntural na sociedade se apresenta como um desafio empolgante. Implicar abordar os temas teológicos de forma a apontar os aos cidadãos contemporâneos os caminhos a serem seguidos e espaços que já foram ocupados por grandes homens e mulheres no decorrer da história.

1.1 Como a teologia pode impactar a sociedade

A teologia é uma das concepções humanas tradicionalmente referidas por alguns autores como *ciências*, em razão de sua interdisciplinaridade, por meio da qual tenta perceber um determinado objeto ou vários objetos conforme o caminho mostrado por Deus, como um fenômeno sobrenatural que se manifesta no modo de vida das pessoas. Esse fenômeno pode ser entendido, em seu sentido mais complexo, como a forma de conhecer Deus e praticar seus ensinamentos no cotidiano, ao mesmo tempo que leva em conta o divino e o escopo de sua existência.

O termo *teologia* alude à ideia de uma ciência que quer apreender de Deus. Como muitas coisas podem ser implícitas sob o termo *Deus*, existem também muitos tipos de teologias. Os seres humanos, consciente ou inconscientemente, têm um deus ou deuses como objeto de sua suprema lealdade e confiança, como a razão de seus laços e obrigações mais profundas.

Não há religião, filosofia ou visão de mundo que não tenha se voltado com alguma profundidade ou superficialidade para uma divisão, interpretada e descrita de determinada forma, e que também não é teologia. Este não é apenas o caso quando essa divindade é positivamente considerada como a soma da verdade e do poder de algum princípio supremo, mas também quando se pretende ser negada; essa negação, na prática, será simplesmente para minar sua dignidade e sua função reduzida.

A teologia e o impacto na sociedade

A teologia evangélica trabalha com quatro eixos fundamentais:

- O primeiro eixo é a existência humana em sua manifestação indissolúvel, que a teologia vê confrontada com a revelação de Deus por meio do Evangelho.
- O segundo eixo é a particularidade das pessoas que estão dispostas a reconhecer a manifestação de Deus. Elas sabem e confessam que Deus se dedica para todas as pessoas e especialmente para aqueles que acreditam.
- O terceiro eixo é o envolvimento amplo e particular da razão, a capacidade de percepção, julgamento e linguagem habilitada para todos os seres humanos e, portanto, também crentes. É essa habilidade que torna tecnicamente possível que eles participem ativamente dos esforços para conhecer teologicamente o Deus que se revela no Evangelho. No entanto, tal ponto não significa que a teologia seja ordenada, muito menos permitida, a escolher como seu objeto e sujeito, em vez de Deus, a existência humana, a fé ou a capacidade espiritual dos seres humanos.
- O quarto eixo é o modo de vida das pessoas. A teologia só se realiza se for praticada. Os indivíduos que se achegam a Deus percebem a grandeza de sua glória e se comprometem de forma sublime a compartilhar isso com outras pessoas. Deus quer ser conhecido, e a teologia que perscruta o mais intrínseco do Altíssimo se propõe a propagar o valor do imanente para aqueles que acreditam.

Não se pode deixar de levantar a pergunta sobre o fato de que "Deus" era, afinal, uma maneira simples de falar comparável ao papel simbólico atribuído a todos os seres humanos. A teologia está muito consciente de que o Deus do Evangelho tem um interesse genuíno na existência humana e de que Ele efetivamente chama os seres humanos a acreditarem nele. A teologia sabe que Deus afirma e coloca em movimento toda a capacidade espiritual do homem, mas está dando atenção a tudo isso porque está principalmente interessada no próprio Deus.

A suposição predominante de seu pensamento e sua linguagem é a prova do próprio Deus, de sua existência e soberania. Se a teologia quisesse reverter sua relação, em vez de relacionar o ser humano a Deus, relacionaria Deus ao ser humano. A teologia se tornaria prisioneira de algum tipo de antropologia ou ontologia por trás da interpretação da existência, da fé ou da capacidade espiritual do homem.

A teologia evangélica não é forçada a fazê-lo e não é capaz de realizar tal empreendimento. Tem seu tempo e, confiantemente, permite que as coisas sigam seu curso, qualquer que seja o caminho que a existência do ser humano, a fé e a capacidade espiritual percorram em seu confronto com o Deus do Evangelho, que precede e está acima de tudo.

A teologia se relaciona com a complexidade da palavra de Deus, e ela seria completamente anulada se estivesse relacionada apenas com a história de Jesus Cristo, o Salvador do mundo. Ela aborda toda a história do plano da criação e da formação do mundo, bem como a criação dos seres humanos para serem adoradores do Deus criador dos céus e da terra. Com essa compreensão, pode-se entender o projeto de Deus por meio da teologia, até chegar à revelação de seu filho Jesus Cristo, salvador de todo aquele que acreditar em sua obra magnífica, que perdoa os pecadores e os liberta para uma vida plena de obediência ao Senhor Deus.

Deus, com seu plano, consuma sua obra da redenção reconciliando o pecador rebelde e desobediente, levando todos aqueles que acreditam para prestarem um culto racional ao Senhor de todas as coisas.

A teologia e o impacto na sociedade

Rogo-vos, pois, irmãos, pela compaixão de Deus, que apresenteis o vosso corpo como sacrifício vivo e santo e agradável a Deus, que é o vosso culto racional. E não vos conformeis com este mundo, mas transformai-vos pela renovação do vosso entendimento, para que experimenteis qual seja a boa, agradável, e perfeita vontade de Deus. (Bíblia. Romanos 12:1-2)

Para relacionarmos os conceitos de teologia e sociedade, tomamos como ponto de partida Émile Durkheim. Considerando o entendimento segundo o qual o sujeito é resultado do ambiente e da sociedade em que vive, podemos pressupor que a sociedade tem influência sobre as pessoas. Durkheim (1999) apontou como um dos objetivos da sociologia o estudo dos fenômenos que acontecem na sociedade como fundamento geral e também dos desdobramentos dos interesses sociais.

"**Émile Durkheim** nasceu em Épinal, no dia 15 de abril de 1858, região da Alsácia, na França. Iniciando os estudos em Épinal posteriormente partindo para Paris, no Liceu Louis LeGrand e na École Normale Supériéure (1879). Considerado um dos pais da sociologia moderna. Durkheim formou-se em Filosofia onde começou a interessar-se pelos estudos sociais.

Foi o fundador da escola francesa de sociologia, em 1887 quando é nomeado professor de pedagogia e de ciência social na Faculdade de Bordeaux, no sul da França. Suas principais obras são: Da divisão social do trabalho (1893); Regras do método sociológico (1895); O suicídio (1897); As formas elementares de vida religiosa (1912). Fundou também a revista *L'Année Sociologique*, que afirmou a preeminência durkheimiana no mundo inteiro. Durkheim morre em Paris, a 15 de novembro de 1917." (Mendes, 2008, grifo do original)

Dessa maneira, poderíamos ver todos os acontecimentos como sendo um fato social, pois, segundo Durkheim, "Todos os indivíduos bebem, dormem, comem, raciocinam, e a sociedade tem todo o interesse em que estas funções se exerçam regularmente" (Durkheim, 1999, p. 1). É possível dizer que o indivíduo é o produto da sociedade, bem como a sociedade é o resultado da convivência dos indivíduos por meio de suas escolhas. Os fenômenos ocorridos na sociedade consolidam sua cultura e seu desenvolvimento; por sua vez, a teologia, juntamente com fundamentos sociológicos, ajuda na formação e no entendimento do funcionamento e da dinâmica da sociedade.

A sociedade é composta por pessoas, que têm identidade própria, cultura, valores e princípios que devem ser praticados segundo a ética de cada indivíduo. Ao final, isso vai gerar uma norma de vida e práticas para o sujeito assimilar durante sua existência e compartilhar com outras gerações.

Em relação a este método, cabe assinalar duas coisas. Em primeiro lugar, que Durkheim compara a sociedade a um "corpo vivo" em que cada órgão cumpre uma função. Daí o nome de metodologia funcionalista para seu método de análise. Em segundo lugar, como se repete novamente a ideia de que o todo predomina sobre as partes. Para Durkheim, isso implica afirmar que a parte (os fatos sociais) existe em função do todo (a sociedade). (SELL, 2001, p. 136).

Assim, Durkheim procura identificar a vida social do indivíduo de acordo com a sociedade, e, que a sociedade possui um papel fundamental na vida social do indivíduo, esse holismo, holoiós, que em grego significa "todo", assim que "[...] o todo predomina sobre as partes" (SELL, 2001, p. 130). (Mendes, 2008)

1.2 A teologia da cruz como fundamento para a fé

A morte de Jesus é um dos temas fundamentais quando analisamos os efeitos de tudo o que Ele fez pelo ser humano. Sua vida e obra se completam na cruz e, por questões culturais e religiosas da época, alguns não dão a devida importância para esse fato. Com sua morte, Jesus venceu satanás, satisfez as exigências da lei – a expiação exigida foi cumprida. Na morte de Jesus, seu momento de maior fraqueza é quando ele se revela mais forte. Quem consegue conceituar e explicar todos os aspectos da morte de Cristo na cruz é o apóstolo Paulo. Veremos, portanto, os benefícios da morte de Cristo na cruz, por meio da qual todos aqueles que creem serão beneficiados.

Com base no livro de Marcos 10:45 e Gálatas 1:4, a compreensão do senso comum foi a de que a morte de Jesus ocorreu para nos livrar de nossos pecados. Primeiro devemos entender a morte de Jesus segundo o conceito do Messias, em Isaías 53, com o texto do servo sofredor, escrito em 752 a.C. A narrativa do Velho Testamento apresentava o Messias que viria enviado da parte de Deus para libertar o povo de seus pecados, no livro de Zacarias, do capítulo 9 ao 14; era a narrativa do Messias como libertador e restaurador de um reino de paz.

O povo de Israel, na época, não esperava a morte do Messias (Mendes, 2008). Vários líderes religiosos não concordavam com as afirmações a respeito de um servo que sofreria tanto, conforme estava profetizado por Isaías. Existia uma expectativa de um Messias que viria para libertar o povo do domínio opressor dos romanos, um messias político e judeu que viria com uma proposta da consolidação do reino judaico de uma vez por todas.

Essa era uma perspectiva em que os discípulos também acreditavam. Por mais que Jesus tenha falado do reino de Deus, eles pensavam em um reino terreno de poder e conquistas. Somente após a ressurreição de Jesus, passaram a compreender o que diz o texto de Isaías (43:3-4; 53:10-12) a respeito do que aconteceria com Jesus de Nazaré.

Após a ressurreição, foi possível compreender que de fato Jesus é o Messias enviado da parte de Deus. Passaram a ser entendidos os trechos do judaísmo que apresentam o resgate divino pela expiação dos pecados (Atos 2:23-24; 3:13ss; 4:10; 5:30; 10:39; 13:27). De certa forma, era impossível acreditar que a morte na cruz de um crucificado fosse sinal de maldição para muitos. O fato de Cristo ter morrido na cruz difamava sua pessoa e seu caráter divino. Vários textos bíblicos não dão o devido destaque para a morte de Jesus, como Lucas 24:26 e 22:24-27, Filipenses 2:6-11 e Colossenses 1:15-20. Muitos não consideravam a morte de Jesus como um acontecimento significativo para a salvação do homem.

> *É claro que a ressurreição foi essencial à confirmação da eficácia da morte de Cristo, como a sua encarnação o fora à preparação para a possibilidade dela. Porém devemos insistir em que a obra de levar os pecados terminou na cruz, que a vitória sobre o diabo, o pecado e a morte foi ganha aí, e que o que a ressurreição fez foi vindicar a Jesus a quem os homens rejeitaram, declarar com poder que ele é o Filho de Deus, e publicamente confirmar que sua morte expiatória fora eficaz para o perdão dos pecados. Se ele não se tivesse levantado dentre os mortos, nossa fé e nossa pregação seriam fúteis, visto que a pessoa e obra de Cristo não teriam recebido o endosso divino. (Stott, 2002, p. 98)*

Na verdade, os textos clássicos destacam a ressurreição de Cristo; em Romanos 10:9, vários da época de Paulo parecem negligenciar a cruz de Cristo (2 Coríntios 11:4s; 13:3s; Filipenses 3:10ss;

A teologia e o impacto na sociedade

1 Coríntios 1:18ss). A ênfase está no fato glorioso da ressurreição; para muitos cristãos dessa época, a morte de Jesus na cruz não representava nada para sua fé e teologia. Por sua vez, o evangelista Marcos insiste em afirmar sobre a cruz de Cristo (Marcos 8:31; 9:31; 10:32-34). Para Lucas, no plano da salvação divina, a morte de Jesus na cruz é apenas um aspecto sem tanta ênfase (Lucas 22:19-20; Atos 20,28). Para muitos, o que importa é a ressurreição e a exaltação do Cristo; para Lucas, o que conta é a ressurreição, e não a morte de Jesus – se confirmarmos que Lucas é grego, poderemos afirmar que, em razão da cultura, ele não vai destacar a morte, já que, para os gregos, a morte é considerada como loucura.

O Jesus apresentado no quarto Evangelho (João 12:31; 13:31-32; 17:1-5) não é sofredor como em Marcos; apresenta-se um Jesus glorioso e soberano, mesmo diante de todo o sofrimento. A obra de Cristo se consolida com sua ressurreição e, para ser salvo, basta reconhecer o Pai e o Filho; não é necessário reconhecer a morte de Cristo. Já Pedro apresenta Jesus como o cordeiro que foi morto para expiação de nossos pecados (1 Pedro 1:18-19; 3:18; 2:22-25). João Batista diz: "Eis o cordeiro de Deus que tira os pecados do mundo" (João 1:29).

Ao falar de Jesus, João declara: "Jesus disse: Deus amou o mundo de tal maneira que enviou seu filho ao mundo para todo que nele crer não pereça mas tenha a vida eterna" (João 3:16). O próprio Jesus, na conversa com Nicodemos, menciona o Cristo crucificado (João 3:14-15), para consolidar o fato da expiação (João 19, 16, 32-36).

A mensagem principal do Novo Testamento é: "Jesus em seu próprio corpo carregou nossos pecados sobre o madeiro a fim de que sejamos mortos para o pecado e vivos para a justiça" (1 Pedro 2:24-25).

É possível afirmar que, no ambiente religioso e cultural da época, era um aparente fracasso a morte de Cristo na cruz. Tanto os discípulos quanto todos aqueles que seguiram Jesus deveriam reler a missão do Cristo crucificado na narrativa do servo sofredor de Isaías 53. Assim foram chegando a um entendimento bíblico a respeito do Messias enviado pela parte de Deus em Isaías 43:3-4 e 53:10-12. A morte de Jesus na cruz como um escândalo vergonhoso precisou ser enfrentada e, para colaborar com esse entendimento, o apóstolo Paulo deu uma significativa contribuição. Tanto Paulo como o escritor da Carta aos Hebreus explicaram o resgate e as implicações teológicas da cruz de Cristo, o resgate definitivo para todos aqueles que acreditassem em Jesus e a não necessidade do sangue de animais, visto que a morte vicária do Cristo na cruz foi suficiente para cumprir todas as exigências da lei.

Primeiro, o prisioneiro era despido e humilhado publicamente. A seguir era forçado a deitar-se de costas no chão, suas mãos eram pregadas ou atadas ao braço horizontal da cruz (o patibulum)*, e seus pés ao poste vertical. Então a cruz era erguida e jogada num buraco escavado para ela no chão. Em geral, providenciava-se um pino ou assento rudimentar a fim de receber um pouco do peso do corpo da vítima para que não se rasgasse e caísse. Aí ficava o crucificado pendurado, exposto à intensa dor física, ao ridículo do povo, ao calor do dia e ao frio da noite. A tortura durava vários dias.*

Os escritores dos Evangelhos não descrevem o processo de crucificação. Unindo o que eles nos dizem, parece que, segundo um costume romano conhecido, Jesus começou carregando sua própria cruz ao lugar da execução. Supõe-se, contudo, que ele caiu sob o peso dela, pois um homem chamado Simão, natural de Cirene, no Norte da África, que naquele momento entrava na cidade, vindo do campo, foi detido e forçado a levar a cruz de Jesus. Quando chegaram ao "lugar chamado Gólgota (que significa o lugar da Caveira)", ofereceram a Jesus vinho misturado com mirra, um gesto de misericórdia cuja finalidade era atenuar

A teologia e o impacto na sociedade

> *a dor. Mas, embora o tivesse provado, segundo Mateus, Jesus se recusou a bebê-lo. A seguir, os quatro evangelistas simplesmente escrevem: "E o crucificaram".* (Stott, 2002, p. 20-21)

Podemos afirmar que a morte de Jesus acontece conforme o que está previsto nas Escrituras (1 Coríntios 15:3; Marcos 14:21.49; Mateus 26:54). No ambiente religioso do judaísmo, havia essa tradição do sofrimento e do sofredor; Jó é tratado como uma figura do servo de Deus, como o justo sofredor e o consolador, com base no Salmo 22. Vários profetas apresentavam Jesus como rejeitado e sofredor, aquele que vai para a morte como uma ovelha muda vai para o matadouro. O apóstolo Paulo entende que a morte de Jesus marca o fim de uma época e a transpõe para outra realidade, na qual o crente morre com Cristo e com Cristo ressuscita para uma novidade de vida, em que as coisas antigas já passaram, nascendo de forma espiritual para uma nova vida. Tudo isso é simbolizado pela experiência de fé e confirmado no batismo cristão. O batismo seria, então, a sepultura com Cristo e a ressurreição para a nova vida (Romanos 6:1-11). A passagem da morte com Cristo para uma nova vida está atestada também em Romanos 7:4 e Gálatas 2:19; 5:24, por exemplo.

Essa é a compreensão teológica sobre a morte expiatória de Cristo e, com esse entendimento, a importância da morte de Cristo se destaca. Jesus morreu em nosso lugar, a morte consolida a vitória sobre o pecado e cumpre com todas as exigências da lei, que exigia derramamento de sangue; onde houvesse pecado, deveria haver expiação. As consequências do pecado geram a morte, mas o dom gratuito de Deus é a vida eterna para todos aqueles que acreditam em Jesus Cristo.

Jesus conquistou e nos possibilitou a salvação descendo à região dos mortos para consolidar sua obra e missão, confirmando, para quem desejar saber, a certeza de sua morte. A morte de Jesus é considerada como a destruição do poder da morte (1 Coríntios 15:24.26; 2 Tessalonicenses 2:8; 2 Timóteo 1:10; Hebreus 2,14). "Assim, pois, já que os filhos têm em comum o sangue e a carne, também ele participou igualmente da mesma condição, a fim de, por sua morte, reduzir à impotência aquele que detinha o poder da morte, isto é, o diabo" (Bíblia. Hebreus 2:14).

Depois de vencer a morte, também constatamos o fato de que Deus demonstrou seu amor por nós quando Cristo morreu por nós, quando ainda éramos pecadores (Romanos 5:8; 8:31-39; Gálatas 2:20; 2 Coríntios 5:14ss; Efésios 2:5-6). Jesus é o exemplo maior de dedicação e disposição para obedecer a Deus (1 Pedro 3:17-18; 4:1-2; Efésios 5:2.25; Marcos 10:45; Lucas 22:21.35; 23:28ss). Nas épocas de sofrimento e perseguição da sociedade, esse exemplo sempre tem sido lembrado.

Para Lutero a cruz é a marca de toda a teologia. "No Cristo crucificado é que estão a verdadeira teologia e o verdadeiro conhecimento de Deus." Conhecer a Deus pela cruz é conhecer o nosso pecado e o amor redentor de Deus. Deus, na cruz, destrói todas as nossas ideias preconcebidas da glória divina. O perigo em potencial que a teologia da cruz vê na sua antítese é que a teologia da glória levará o homem a alguma forma de justiça pelas obras, à tendência de se fazer uma barganha com Deus com base em realizações pessoais. Por outro lado, a teologia da cruz repudia firmemente as realizações do próprio homem e deixa Deus fazer tudo para efetivar e preservar a sua salvação. Na doutrina de Martinho Lutero, a graça da justificação pela fé está rigorosamente orientada pelo Cristo crucificado.

Quem reconheceria que aquele que é visivelmente humilhado, tentado, condenado e morto é, internamente e ao mesmo tempo, sobremodo enaltecido, consolado, aceito e vivificado, não fosse o Espírito ensiná-lo pela fé? E quem admitiria que aquele que é visivelmente enaltecido, honrado, fortificado e vivificado é internamente rejeitado, desprezado, enfraquecido e morto de maneira tão miserável, se a sabedoria do Espírito não lhe ensinasse isso? (Santos, 2007)

O apóstolo Paulo amplia a compreensão sobre a morte de Jesus. Ele morreu pelos seres humanos que estão na condição de inimigos de Deus (Romanos 5:10; 11:28). Para que a mudança de condição aconteça, precisamos contar com Cristo (Romanos 1:16; 5:9; 10:9). Essa obra de libertação do poder do pecado e a nova condição possível para o cristão só podem acontecer pela obra completa de Cristo na cruz (Colossenses 2:15). "Deus nos libertou do império das trevas e nos transportou para o reino do Filho do seu amor" (Bíblia. Colossenses 1:13). Assim, toda a criação é redimida da corrupção (Romanos 8:21). Cristo liberta o humano da lei (Gálatas 3:13; 4:4s) e também do pecado (Romanos 8:2). Cristo se tornou carne pecaminosa para destruir o poder que escraviza a carne (Romanos 8:3). "Aquele que não conheceu o pecado, ele o fez pecado por nós" (Bíblia. 2 Coríntios 5:21). Deus, pois, condenou na carne o pecado (Romanos 8:34).

Esse acontecimento sublime e maravilhoso acontece de forma sobrenatural; a justificação acontece pela fé em Cristo e somos justificados pela justiça de Deus, que se concretiza na obra de Cristo. Para Paulo, a justificação acontece junto com a reconciliação, e o ser humano é justificado pelo sangue derramado do Cristo e reconciliado por causa do sacrifício do Deus, que se fez homem (Filipenses 2). Podemos afirmar que esse milagre acontece pela infinita graça de Deus a favor dos seres humanos (Efésios 2:13-16; Colossenses 1:20).

Paulo é o teólogo que melhor entende o Novo Testamento, que entende a tese do resgate por meio da obra de Cristo na cruz do calvário. Alguns teóricos dizem que Paulo compreendeu esse conceito com a cerimônia da ceia, ou no tratado da eucaristia (2 Coríntios 5:19). Paulo adotou essa terminologia para tornar seu apostolado compreensível. Para entendermos a morte de Jesus como expiação vicária, precisamos analisar a ideia do resgate (Marcos 14:24; 10:45).

> Dito isto, convém lembrar [...] o contexto da Ceia, iluminado por Is 53 e outros textos do Antigo Testamento, seria o Sitz im Leben desta compreensão. Mesmo não podendo afirmar com toda clareza, as fontes, pode-se situar alguns pontos, onde se supõe que haja apoio para Paulo e mesmo para a tradição pré-paulina. Paulo se vale de quatro fontes para explicar este "por nós":
>
> a) Tradição do cordeiro: "Pois Cristo, nossa páscoa foi imolado" (1Cor 5,7b). Paulo situa Jesus na tradição do cordeiro pascal, isto é, da antiga aliança, onde um cordeiro morria pelos pecados de homens e de mulheres (primeira redenção). Assim Jesus morre e produz a derradeira redenção.
>
> (Glaab, 2022, grifo do original)

Aqueles que vivem debaixo da lei estão sob a maldição da lei (Romanos 2,6). O fator preponderante é o fato de Cristo ter nos resgatado da maldição da lei; Jesus aceitou ser maldito em nosso lugar (Gálatas 3,13). Jesus, santo e puro, assumiu nosso lugar em relação ao pecado (2 Coríntios 5,21). Paulo usa certas ilustrações do Antigo Testamento a respeito da libertação do poder do pecado – comprar, resgatar a escravidão – para exemplificar tudo aquilo que Jesus fez por nós. A postura de Jesus como servo (Romanos 5,18-19; Filipenses 2,6-11; Isaías 52,13-53) fez com que assumisse nosso lugar, e sua ação foi completa para solucionar o problema do pecado. Sua abnegação e seu sacrifício na cruz foram suficientes para resgatar a humanidade.

A base para a teologia de Paulo está no livro de Hebreus e 1 Pedro 5:7. Ele usa o termo *cruz* mais do que todos os outros autores

A teologia e o impacto na sociedade

(1 Coríntios 1:18). A mensagem da cruz causava constrangimento, porque as pessoas não podiam admitir que, em uma maldição, surgisse a maior possibilidade de vitória. Na cruz, satanás foi derrotado, todo o plano da perdição eterna foi desfeito. Jesus, em seu momento de dor e sofrimento, experimenta sua maior vitória, como diz Paulo: "quando sou fraco aí que sou forte" (Bíblia. 2 Coríntios 12:10) – ele aprendeu esse valor com Jesus.

Não estamos exagerando ao afirmar que a base da teologia de Paulo está na morte de Cristo na cruz do calvário a favor dos seres humanos. A paixão e a morte de Cristo resultam na ação reconciliadora de Deus para com todos aqueles que acreditam (Romanos 2:25-26). Com a morte de Cristo, a possibilidade da justificação é concedida a todos (Romanos 5:9).

> J. Jeremias acha que a alusão é ao titulus, o tablete afixado acima da cabeça da pessoa crucificada no qual se escreviam os seus crimes, e que no titulus de Jesus eram os nossos pecados que estavam inscritos, não os dele. De qualquer modo, Deus nos livra da falência somente por meio do pagamento de nossas dívidas na cruz de Cristo. Mais do que isso. Ele "não apenas cancelou a dívida, mas também destruiu o documento no qual ela estava registrada". (Stott, 2002, p. 125)

Toda a obra de Jesus é libertadora e salvífica, e não apenas sua morte. Essa é a síntese de sua vida e, por isso, podemos dizer que ele morreu por nós; porém, na realidade, ele se encarnou por nós, viveu por nós, morreu por nós, ressuscitou por nós e ainda hoje está conosco (Mateus 28:28), para que nós tenhamos a vida plena (João 10:10).

1.3 Apontamentos teológicos

Não podemos esquecer a mensagem do Messias, na dinâmica proposta por Deus do servo sofredor. Com o passar do tempo, no período judaico a mensagem legítima sobre o Messias foi descaracterizada. Essa mensagem não pode ser perdida, uma vez que "Deus enviou seu filho ao mundo para que todo aquele que nele crer não pereça e tenha a vida eterna" (Bíblia. João 3:16), a base da salvação cristã, que deriva da ação completa de Jesus em sua vida, morte e ressurreição.

A amplitude espiritual dos planos de Deus deve ser notada. Os discípulos não percebiam as falas e os discursos de Jesus sobre o plano eterno, e devemos estar atentos e agir com discernimento quanto aos detalhes do plano divino. Deus, em sua soberania, tem planos para a raça humana e, em seu infinito amor, demonstra cuidados e ampara com proteção a todos que acreditarem em seu poder. Não podem passar despercebidas as ações divinas; elas são sobrenaturais e têm um propósito eterno.

Jesus venceu a morte, satisfez todas as exigências da lei, cumpriu o preceito que a lei previa. Onde havia pecado, precisava-se de remissão, e essa prática aconteceu por meio do derramamento de sangue. A expiação se tornava necessária. A morte de Jesus na cruz se tornou definitiva e, assim, o derramamento de sangue não era mais necessário, pois o próprio Deus se fez homem e venceu a morte. Todos os que estão sob a lei são malditos (Romanos 2:6), mas Cristo nos resgatou dessa maldição, tornando-se ele maldição em nosso lugar (Gálatas 3:13). Aquele que não conheceu o pecado se fez pecado por nós (2 Coríntios 5:21).

O apóstolo Paulo foi aquele que melhor entendeu e descreveu os efeitos da morte de Cristo, demonstrando que nossa morte com Cristo foi efetivada de forma sobrenatural. Assim como morremos

A teologia e o impacto na sociedade

com Cristo, com ele também ressuscitamos para uma nova vida, absolvidos do pecado. Como disse Paulo e nós, todas as coisas antigas já passaram e se fizeram novas, e nós nos tornamos uma nova criatura em Cristo.

1.4 Teologia e o conhecimento de Deus

Qualquer análise teológica vai desembocar no conhecimento de Deus, já que a teologia, em sua essência, é uma busca por conhecer Deus, seu caráter e seus atributos. Teologia é o conhecimento de Deus.

Constituída de dois termos gregos – *theos* (deus) e *logos* (palavra, estudo) –, a palavra *teologia* significa, de um modo amplo, "discurso sobre Deus". Aristóteles, ao fazer uso do termo em sua filosofia, concebe a teologia como ciência que indaga sobre o ser divino.

O ser humano precisa conhecer Deus para que possa relacionar-se com Ele de acordo com seus princípios. Nesse relacionamento, padrões e normas devem proceder do mestre, criador de todas as coisas, para os indivíduos com humildade, dependência e um coração disposto a conhecer a Deus e a se relacionar com Ele, com base na amizade, na reverência e no respeito.

Assim diz o Senhor: Não se glorie o sábio na sua sabedoria, nem o forte na sua força, nem o rico nas suas riquezas; mas o que se gloriar, glorie-se nisto: em me conhecer e saber que eu sou o Senhor e faço misericórdia, juízo e justiça na terra; porque destas coisas me agrado diz o Senhor.

(Bíblia. Jeremias 9:23-24)

Deus se alegra com os relacionamentos e tem uma profunda disposição de conhecer os seres humanos. Ainda assim, coloca o conhecimento e seu relacionamento com as pessoas como uma das melhores escolhas que o indivíduo possa fazer. Relacionar-se com Deus: esta é a grande conquista que o ser humano pode alcançar. O desejo de se relacionar é inerente ao homem.

Mesmo com essa necessidade de se relacionar, o ser humano nem sempre se conduz da forma correta; às vezes, acaba se perdendo em um tipo de relacionamento egoísta, até infantil, do qual só espera vantagens, igual ao relacionamento dos filhos com o pai que se desenvolve com base apenas em presentes.

Logo, podemos afirmar que o homem precisa de Deus e que este tem um profundo interesse de se relacionar com o homem. No entanto, existem alguns problemas nesse relacionamento que devem ser mencionados:

> *Os motivos que nos levam a buscar a Deus, seu poder e misericórdia, nem sempre nascem do desejo puro e sincero de amá-lo e servi-lo desinteressadamente. As recompensas que acompanham os apelos que recebemos, na maioria das vezes, falam mais alto do que nosso amor e afeto, dificilmente nos veríamos complemente livres das seduções das recompensas; elas de uma forma ou de outra, estarão sempre presentes nas nossas motivações mais secretas. Buscar um encontro com Deus onde apenas o amor desinteressado é levado em conta, contudo, conduz-nos a um relacionamento espiritual muito mais profundo, íntimo e pessoal.*
> (Souza, 1996, p. 212)

Nosso relacionamento com Deus deve ser desinteressado, já que nos relacionamos com o Senhor por aquilo que Ele é, por tudo o que representa para cada um de nós, e não por aquilo que Ele pode fazer. As recompensas ou bênçãos exercem um certo fascínio e sedução sobre aqueles que se relacionam com Deus. Não podemos

A teologia e o impacto na sociedade

nos esquecer do que dizem as Escrituras Sagradas: "Se obedecer a Deus virão e nos acompanharão todas estas bênçãos" (Bíblia. Deuteronômio 28:1). As bênçãos de Deus são de sua livre e espontânea vontade e resultado de nossa obediência. Se tivermos disposição para fazer a vontade de Deus, teremos a certeza dos cuidados do Senhor, mas não teremos garantia de uma vida sem problemas ou dificuldades.

A teologia, em sua essência, aponta para a revelação da pessoa de Deus. Romanos 1:20 aborda o fato de que os seres humanos são indesculpáveis perante Deus, e seu poder e sua natureza divina são revelados para todos. Tudo o que existe no Universo, o Sol, a Lua e as estrelas, o planeta Terra, as plantas, os animais e as pessoas são demonstrações do poder e da capacidade criativa desse grande Deus. Existem teorias que tentam explicar a origem de todas as coisas e se deparam com os incontáveis fatos relacionados à criação que demonstram um Deus que chama à existência o que não existe. O fato é que a criação comprova a existência de Deus de forma incontestável.

A explicação da teologia é que Deus é o criador de todas as coisas. Onipresente, onisciente, onipotente, não existe nenhum outro ser conhecido no Universo que tenha esses atributos, e cabe aos seres humanos prestar louvor e adoração a esse Deus único e poderoso.

A natureza não é completa para salvar esse ou aquele; somente Deus, em sua atribuição divina, envia seu Filho unigênito com poder para satisfazer as exigências das leis e resolver o problema do pecado. As Sagradas Escrituras, divinamente inspiradas, apresentam um roteiro específico para a salvação de todo aquele que crer. "Examinais as Escrituras, porque julgais ter nelas a vida eterna, e são elas que testificam de mim" (Bíblia. João 5:39).

Os profetas e os sábios da Bíblia escreveram a mensagem de Deus (2 Pedro 1:21). Timóteo ensinou que "toda Escritura é inspirada por Deus e útil para o Ensino, repreensão e correção e educação na justiça" (Bíblia. 2 Timóteo 3:16-17). Os conteúdos das Sagradas Escrituras foram inspirados por Deus, e Jesus mesmo disse que as Escrituras não falham (João 10:35).

O que a Bíblia ensina sobre a pessoa de Deus nos leva para um relacionamento pessoal com o criador de todas as coisas. Esse contato deve ser orientado pelos princípios das Escrituras Sagradas, resultando em uma experiência pessoal e redentora. A mensagem da redenção, sobretudo o que Jesus fez e faz por nós, mantém-se com a fé e a oração. A comunhão com os irmãos da comunidade da fé é de suma importância para manter a crença em um Deus verdadeiro, e é nela que surgem os verdadeiros relacionamentos espirituais. As pessoas que se dedicam ao estudo da teologia vão obter uma dimensão maior a respeito de Jesus e do que se diz sobre a "vida abundante", a vida eterna que alcançamos por meio do favor e da bondade do Cristo.

A prática teológica se desenvolve pela nossa convivência com o Senhor – com Deus falando conosco e vice-versa –, aprendendo com as obras de Deus, percebendo os ensinamentos do Senhor, nas circunstâncias de nossa vida, com as pessoas que Deus coloca em nosso caminho. Alguns experimentam dificuldades: estão dispostos a aprender com Deus, mas param quando têm de aprender com pessoas que consideram iguais ou piores do que si mesmos. Deus usa pessoas para nos ensinar, e nem sempre esse ensino se apresenta de maneira convencional.

São diferentes tipos de pessoas que, de forma indireta ou direta, afetam nossa vida e nossos relacionamentos. Por incrível que pareça, Deus usa cada uma delas para nos ensinar. O conhecimento teológico e de Deus vai se aperfeiçoando na medida em que convivemos da melhor maneira possível com outras pessoas. Isso se aplica à sociedade de modo geral. Há pessoas tementes a

Deus dispostas a nos ajudar de diversas formas e outras que estão querendo atrapalhar nossa vida e comunhão com Deus. O modo como reagimos e tratamos cada um vai determinar o nível de nosso compromisso com Deus.

> *Todo aquele que odeia seu irmão é assassino; ora, vós sabeis que todo assassino não tem vida eterna em si. Nisto conhecemos o amor: que Cristo deu a sua vida por nós; e devemos dar nossa vida pelos irmãos. Ora, aquele que possuir recursos deste mundo, e vir seu irmão padecer necessidade, e fechar-lhe o seu coração, como pode permanecer nele o amor de Deus?* (Bíblia. 1 João 3:15-17)

Esse é o nível de relacionamento que Deus tem proposto para seus filhos: não odiar seu irmão; fazer o melhor para seu próximo; estar atento às necessidades das pessoas; não fechar o coração para seu irmão; se preciso for, estar disposto a dar a própria vida por seu próximo, já que o amor de Cristo se evidencia quando estamos dispostos a dar nossa vida em favor de outros.

A verdadeira espiritualidade passa pelo relacionamento com Deus e com seu próximo. Necessariamente, diferentes tipos se colocam em nosso caminho.

A espiritualidade cristã genuína está fundamentada em um relacionamento com Deus. Muitos têm distorcido essa questão. Souza (1996, p. 212) menciona esse assunto:

> *Para muitos cristãos a vida espiritual é definida pelo conhecimento que temos de Deus através da bíblia e/ou das experiências espirituais que acumulamos ao longo da nossa vida cristã. No entanto o centro da nossa espiritualidade está nos nossos afetos, que nascem do coração. Quando o senhor Jesus chamou o apóstolo Pedro para o pastorado não lhe perguntou o quanto conhecia sobre Deus nem mesmo sobre experiências espirituais que tenha tido, mas se ele o amava. Era o afeto de*

Pedro que interessa a Jesus. Isto não significa que o conhecimento ou a experiência são irrelevantes; mas se estes não são traduzidos em afetos, se não atingem o coração transformam-nos em presas fáceis para as apostas do diabo.

Não é o conhecimento intelectual que possamos ter das Escrituras Sagradas, ou saber fazer uma boa exegese, ou ter compreensão das regras de hermenêutica que vão determinar um bom relacionamento com Deus. A espiritualidade genuína é desenvolvida a partir do interior, com o homem abrindo seu coração para Deus, com uma vida totalmente transparente para seu Senhor, na qual não tenta esconder seus conflitos (pensando que Deus não conhece) com máscaras espirituais que, na verdade, vão nos afastando de Deus. O relacionamento com Deus deve vir do coração, e não existe um padrão para esse relacionamento.

Se a comunhão com Deus deve ser a nossa primeira preocupação então podemos ter comunhão com Deus na cozinha, na doença, em qualquer situação difícil. Seja qual for a tarefa a ser realizada, mesmo a mais desagradável, tanto no lar, como na oficina, no escritório ou na fábrica – cada uma deve ser feita para Deus e para sua glória. Assim se acaba a antiga luta, escravidão e frustração. Estaremos em paz com nosso Deus e com nós mesmos. (Hession, 1978, p. 23)

Corremos o risco de criar uma convenção para o relacionamento com Deus. Este é o perigo das religiões: como foi ontem assim, deve ser hoje e para sempre deve ser dessa forma. Corresponde ao enquadramento de Deus em certos limites estabelecidos pelo homem, ou seja, o padrão para o relacionamento com Deus deve ser humano, e não divino. Deus está em todo lugar e tem um profundo desejo de se relacionar conosco. Não podemos negar que o ser humano tem dificuldades para abordar esses assuntos. As pessoas

A teologia e o impacto na sociedade

têm dificuldades para lidar com o sobrenatural; tudo deve ser explicado e deve vir por encomenda. "A necessidade de domínio sobre as circunstâncias e ministérios da vida nos leva ao pecado da domesticação de Deus" (Souza, 1996, p. 212).

O relacionamento do ser humano com Deus é espiritual. Em sua essência, Deus é espírito, não tem forma e se relaciona com seus seguidores de modo espiritual e, por meio de uma revelação sobrenatural, se deixa conhecer por seus seguidores. Assim dizem as Escrituras. Não podemos esquecer que esse relacionamento está cercado de mistério, de sobrenatural, de milagres, e grandes maravilhas acontecerão em nossa vida e na vida de outros através de nós. Pessoas se converterão, a mensagem de Jesus Cristo será anunciada por nós e o Evangelho, que tem nos alcançado e contagiado, causará impacto na vida de outros. Isso tem acontecido com muitos homens e mulheres de Deus no passado e atualmente.

> *Em sua biografia de Martinho Lutero, D'Aubigné descreve como o grande reformador buscava conhecer a Deus. Diz que ele "desejava penetrar nos secretos conselhos de Deus, desvendar seus mistérios, ver o invisível e compreender o incompreensível". Stupitz chamou-lhe a atenção. Disse-lhe que não tivesse a presunção de sondar o Deus encoberto, mas que se limitasse ao que ele havia manifestado a nós em Jesus Cristo. Nele, como Deus disse, encontraremos o que ele é e o que espera de nós. Em nenhuma outra parte, o descobriremos, quer no céu quer na terra.*
> (Hession, 1978, p. 25)

Convém mencionar que, nessa vontade de conhecer Deus e descobrir os segredos de seu coração, podemos cair em extremos, tentar descobrir o que não é para ser descoberto. O que de Deus se pode conhecer é manifesto por meio de seu filho Jesus Cristo. Por Jesus podemos conhecer a Deus, e esse debate é muito antigo.

Os próprios discípulos haviam lutado com essa dificuldade de conhecer a Deus, de modo que um dia um deles disse ao senhor Jesus: "Quem me vê a mim vê ao Pai" (Jo 14.9). Mais adiante, nas epístolas do novo testamento, encontramos Paulo dizendo a mesma coisa aos Colossenses: "filhos do seu amor ele é a imagem do Deus invisível" (Cl 1.13,15). E aos corintos: "Deus resplandeceu em nossos corações, para iluminação do conhecimento da glória de Deus vista na face de Jesus Cristo que mais nos ajuda aqui." A luz é invisível a menos que brilhe sobre aqui. A luz é invisível a menos que brilhe sobre algum objeto. Nós julgamos ver um raio de luz entrando pela janela, mas o que vemos são as partículas no ar sobre as quais a luz incide e que assim revelam a presença da luz. "Deus é luz" (1 Jo 1.2), lemos na bíblia mas ele é invisível e não pode ser conhecido, a menos que brilhe sobre algum objeto que assim o revele. O objeto sobre o qual ele resplandeceu é a face de Jesus Cristo. Ao olharmos para essa face, resplandece em nosso coração a iluminação do conhecimento da glória de Deus, que não podemos ver em nenhuma outra parte.
(Hession, 1978, p. 73)

Hession (1978) faz algumas colocações nesse texto. Uma delas é que verdadeiramente Deus se faz conhecido por meio de seu filho Jesus Cristo. Para conhecermos o Senhor Deus, precisamos gastar tempo lendo a respeito da pessoa de Jesus; encontraremos bondade, humildade, disposição para servir, justiça, coragem, simplicidade, renúncia, honestidade etc. Essas são apenas algumas facetas da pessoa de Jesus que representam muito daquilo que Ele é. Quando conhecemos a obra de Cristo, podemos dizer que estamos conhecendo Deus. Deus é Jesus e Jesus é Deus. Por inspiração do Espírito Santo, temos afinidade com Ele, desenvolvemos nosso relacionamento com o Senhor e crescemos espiritualmente.

A teologia e o impacto na sociedade

Não existe verdadeira espiritualidade sem passar pela imitação da pessoa de Cristo. Como disse o apóstolo Paulo, "Sede meus imitadores assim como eu sou de Cristo" (Bíblia. 1 Coríntios 11:1).

Estamos agora em condição de considerar o significado da palavra que o Senhor Jesus usou para descrever a nossa parte nesta vida. Disse ele: Permanecei em mim, e eu permanecerei em vós (Jo 15.4). Sim, não há dúvida de que temos dado atenção a estas palavras, pois elas tomam muitas vezes proporções até grandes demais no pensamento de corações fervorosos e sedentos. Frequentemente ouvimos e lemos: O segredo reside nesse estar, nesse habitar. Todavia, isso não é verdade, pois o segredo não está em alguma coisa que nós fazemos, o que só pode nos levar a uma outra forma de luta, a luta para habitar. O segredo está na videira, e a bênção vem de vermos como tal – à medida que o vemos assim, antes mesmo de percebê-lo, já estamos habitando! (Hession, 1978, p. 73)

Podemos perceber que a essência do conhecimento de Deus é permanecer nele, e este, por sua vez, vai se revelar a nós na medida de sua vontade. A grande ênfase não está em nossos próprios esforços, mas no fato de estarmos junto de Deus. Conforme vamos conhecendo o Senhor, percebemos cada vez mais nossa pequenez e nossa dependência dele.

Síntese

Neste primeiro capítulo, ao estudarmos a morte de Jesus e suas implicações para a vida cristã, vimos que passamos por um misto de dor e alegria. Na dor, identificamos a morte do servo sofredor e, na alegria, constatamos o Deus que se tornou homem, venceu a morte e ressuscitou. A glória está na ressurreição e, por meio dessa obra magnífica, o ser humano pode ser perdoado e resgatado para uma nova vida.

Não podemos também nos esquecer de que o Senhor quer se revelar a cada um de seus servos, e essa revelação é feita pela comunhão e pelos relacionamentos desenvolvidos por ambos. Moisés conhecia Deus, Jó, Isaías, Jeremias, Daniel, Ezequiel, Pedro, João, Paulo, Timóteo; eles gastaram tempo na presença do Senhor, com humildade e disposição para aprender. Andrew Murray (citado por Hession, 1979, p. 17) afirma: "Da mesma forma que a água sempre procura e enche o ponto mais baixo assim, no momento em que Deus encontra você humilhado e vazio, sua glória e poder correm para dentro de você".

Indicações culturais

SOMOS todos iguais. Direção: Michael Carney. EUA: Netflix, 2017. 120 min.

Trata-se de uma história baseada em fatos reais. Um casal faz amizade com um morador de rua, e suas vidas são transformadas. O filme mostra como a fé, a empatia, o amor ao próximo, o respeito e a solidariedade são capazes de impactar a vida de pessoas marginalizadas da sociedade.

Atividades de autoavaliação

1. Sobre a relação entre teologia e sociedade, assinale a alternativa correta:

   a) Os assuntos relacionados à teologia e à sociedade não são importantes, pois basta ao teólogo o conhecimento

específico de sua denominação para realizar bem as atividades pastorais e de evangelização.
b) O modo de vida na sociedade contemporânea é muito complexo, por isso cabe ao cidadão cristão não se envolver com situações seculares.
c) Os assuntos relacionados à teologia e à sociedade são de suma importância para o debate público e o fornecimento de uma base conceitual que permita entender a sociedade e suas variáveis.
d) O modo de vida na sociedade contemporânea é extremamente simples, portanto não é preciso preocupar-se em estudar a relação entre teologia e sociedade.
e) O teólogo não precisa conhecer a forma de viver em um ambiente tecnológico, religioso e digital, pois tais fatores não interferem no fazer teológico.

2. Marque V para as sentenças verdadeiras e F para as falsas:
( ) A tarefa teológica dos autores cristãos sempre levou em conta a necessidade de se conservar a sabedoria cristã, recebida em revelação da parte de Deus por meio das Escrituras Sagradas.
( ) Há uma influência desfavorável entre filosofia e teologia, que interfere na tradição e na fé cristã e deturpa o esforço de se permanecer fiel às Sagradas Escrituras.
( ) A fé deve se fazer presente nos processos mentais daquele que acredita e nos contextos culturais e sociais em que os cristãos se encontram.
( ) Pensar a teologia e seu papel conjuntural implica abordar os temas teológicos de forma a apontar para os cidadãos contemporâneos os caminhos a serem seguidos e os espaços que já foram ocupados por grandes homens e mulheres no decorrer da história.

( ) Jesus deve ser o referencial teológico e prático sobre o modo de vida dos sujeitos, inclusive em sociedade.

Agora, assinale a alternativa que indica a sequência correta:

a) V, V, V, V, F.
b) V, F, V, V, V.
c) V, V, F, V, V.
d) V, V, V, F, V.
e) F, V, V, V, F.

3. Sobre a forma como a teologia afeta o modo de vida das pessoas, é possível afirmar:

a) A teologia só se realiza se for praticada, e os indivíduos que se achegam a Deus percebem a grandeza da sua glória e se comprometem de forma sublime a compartilhar a teologia com outras pessoas.

b) A teologia não interfere de maneira alguma no viver humano; é, antes, uma ciência academicista, totalmente teórica.

c) O fazer teológico deve limitar-se ao estudo das Sagradas Escrituras, sendo desnecessário o aprendizado de outros saberes.

d) A teologia evangélica não assume seu tempo e, por isso, torna-se irrelevante, pois está alicerçada apenas em aspectos históricos e socioculturais antigos.

e) A teologia independe de outras ciências para se entender o funcionamento da dinâmica da sociedade.

4. Sobre os eixos fundamentais nos quais a teologia evangélica trabalha, analise as afirmativas a seguir:

I) Um eixo é a existência humana em sua manifestação indissolúvel, que a teologia vê confrontada com a revelação de Deus por meio do Evangelho.

A teologia e o impacto na sociedade

II) Um eixo é a particularidade das pessoas que estão dispostas a reconhecer a manifestação de Deus. Elas sabem e confessam que Deus se dedica para todas as pessoas e especialmente para aqueles que acreditam.

III) Um eixo é o não envolvimento da razão e da capacidade de percepção, do julgamento e da linguagem, pois tais fatores inviabilizam conhecer teologicamente o Deus que se revela no Evangelho.

Marque a alternativa que indica a(s) afirmativa(s) correta(s):

a) I.
b) I e II.
c) I e III.
d) II e III.
e) I, II e III.

5. Leia o excerto de texto a seguir:

O ser humano moderno, acostumado a viver num mundo científico que sempre lhe dá todas as respostas, não aceita que as possibilidades conflito não são apenas com aquilo que não conhecemos, mas também com as incertezas que cercam nosso destino. A necessidade de domínio sobre as circunstâncias e mistérios da vida nos leva ao pecado da domesticação de Deus. (Souza, 1996, p. 212)

Assinale a assertiva correta:

a) O afeto, o amor e a experiência cristã são irrelevantes na vida cristã.
b) Uma boa exegese e ter compreensão das regras hermenêuticas determinam um bom relacionamento com Deus.

c) O ser humano tem facilidade em lidar com o mistério para abordar assuntos ligados às questões sobrenaturais.

d) O relacionamento com Deus deve vir do coração, e não existe um padrão para esse relacionamento.

e) O relacionamento com Deus deve obedecer a determinadas convenções humanas, ou seja, há limites para esse relacionamento.

Atividades de aprendizagem

Questões para reflexão

1. É possível haver um diálogo entre teologia e sociedade? Quais seriam os argumentos necessários nesse debate?

2. Avalie se seus conhecimentos teológicos estão de acordo com cada um dos eixos fundamentais da teologia evangélica. Justifique sua resposta.

Atividades aplicadas: prática

1. Descreva alguns exemplos de como a teologia afetou historicamente a sociedade no decorrer dos séculos.

2. E na atualidade? Como a teologia pode colaborar para a construção da sociedade e do diálogo entre os seres humanos?

capítulo dois

Concepção teológica sobre cidadania

Quando pensamos em cidadania, devemos levar em conta o indivíduo e seu contexto, a sociedade em que está inserido e sua participação cidadã. Cada ser humano tem sua essência e formação, e esses fatores compõem a sociedade em que vive. Podemos afirmar, assim, que a vida humana acontece por meio das ações e atitudes de cada pessoa.

2.1 O conceito de cidadania

A liberdade acontece não apenas no aspecto da individualidade, possibilitando que o indivíduo realize aquilo que escolhe, mas também em sua essência, que está no fato de vivermos em sociedade e termos a capacidade de escolher entre o bem e o mal.

Ser cidadão e viver a plena cidadania é viver a liberdade, pois o cidadão é o ser humano que vive ativa e decisivamente na sociedade de seu mundo. Cabe, portanto, analisar a ideia de liberdade em que se baseia a cidadania. Liberdade não pode ser apenas a liberdade individual de fazer o que se deseja (liberdade como escolha), nem a liberdade social de se viver em sociedade.

A ideia de liberdade deve permear a escolha para o que seja realizável. A liberdade em si não se relaciona apenas com as coisas, nem está relacionada com as pessoas e na forma como compõem o grupo social a que pertencem. A liberdade aponta para o futuro, e o desconhecido se torna desafiador, apresentando uma gama de possibilidades. Precisamos pensar no futuro como uma possibilidade de conquista. Nossa mente deve buscar novas maneiras de ajudar as pessoas de acordo com suas necessidades. As grandes conquistas da humanidade passaram por uma mente inquieta e inconformada, que buscava novos paradigmas e novos conceitos culturais e sociais.

Até agora temos entendido a liberdade ou como uma escolha (a relação dos sujeitos com os objetos), ou como comunidade, na relação dos indivíduos. Analisar a liberdade é pensar de forma criativa. O sujeito pode, em pensamento, palavra, ação e atitude, transcender o tempo presente em direção ao futuro.

No futuro estão a liberdade e a expectativa de dias melhores. A liberdade sempre deve ser o foco, as possibilidades são diversas quando almejamos tempos melhores – essa, sim, é uma utopia que vale a pena desejar. Tudo acontece por meio de nossos sonhos e ações. Mesmo nas histórias da Bíblia encontramos tempos de liberdade, escravidão, passividade e novamente um tempo de liberdade. As pessoas orientadas por Deus e vivendo em obediência experimentaram momentos de êxtase da liberdade; por sua vez, as pessoas em desobediência sofreram dores e foram escravizadas. Devemos

Concepção teológica sobre cidadania

confiar no amanhã, na ideia de que nos próximos dias seremos mais livres e com mais capacidade para escolher.

2.2 Cidadania na prática

Podemos afirmar que a prática da cidadania se fundamenta em três aspectos:

- **Participação social:** os cidadãos devem praticar o engajamento nos diversos temas da sociedade contemporânea. Cabe a eles participar e atuar; não adianta apenas criticar, não adianta, apenas conhecer. Precisamos de ação, intervenção, participação, para poder mudar o que está errado.
- **Conhecimento dos conceitos atuais:** com objetividade, devemos praticar a pedagogia da desconfiança, descobrir o que está sendo pretendido com certa ação, com certo pensamento. Como cristãos, os professores precisam ensinar aos seus alunos os fundamentos cristãos. Para a sociedade, a educação necessita de uma voz cristã, de uma voz bíblica que apresente ou aponte caminhos a serem percorridos ou alcançados pela educação. Um cidadão bem ensinado será um cidadão atuante, participativo e cooperador para uma sociedade melhor.
- **Ações transformadoras:** o entendimento da cidadania precede a ação. Quem sabe faz, quem sabe transforma, quem sabe interage, quem sabe apresenta caminhos, quem sabe serve de exemplo. O cidadão bem ensinado acabará ensinando alguém. A cidadania estimula a ação. Ao nos defrontarmos com os problemas da sociedade contemporânea, agiremos de forma contundente. Ao nos depararmos com a situação das pessoas que vivem nas ruas, buscaremos alternativas para resolver o

problema. Ao encararmos o problema do analfabetismo, procuraremos intervir para levar ensino e alfabetização a quem precisa. Assim, nosso trabalho e nossa participação social repercutirão em nossa vida e na vida das outras pessoas.

2.2.1 O conceito de identidade

A Bíblia Sagrada apresenta a tese de que devemos seguir Cristo e ser semelhantes a Ele e de que somos instigados a construir nossa identidade segundo os exemplos de Jesus.

Jesus deve ser reconhecido e confessado como filho de Deus. Na sua pessoa santa, ele é o Messias de Israel, a pessoa que proclamou a chegada do reino de Deus, por meio da qual a esperança tem sido proclamada para todos aqueles que acreditam.

Se Jesus Cristo é a encarnação do Deus criador de todas as coisas, a realidade da encarnação, sendo Deus, Jesus não julgou ser igual a Deus, mas antes se esvaziou e assumiu a forma de servo, tornando-se uma figura humana.

Se Jesus é confessado como o Cristo de Deus, também é reconhecido como pessoa, tornando-se irmão dos pobres, dos órfãos, das pessoas abandonadas e daqueles que sofrem; logo, a pessoa de Jesus é a encarnação da solidariedade.

A vida a ser vivida no cotidiano ultrapassa o senso de espera pelo futuro, e não podemos reduzir as práticas diárias apenas à expectativa do que vai acontecer. A realidade da vida deve gerar novas proposições, com escolhas e novas ações relacionadas consigo mesmo e com o próximo. A esperança deve permear nossas ações diárias, com novos atos que consolidam os passos para o futuro, os medos e as preocupações a respeito de como serão as coisas lá na frente. Cristo é a nossa luz e aponta o caminho a ser

Concepção teológica sobre cidadania

seguido; Ele conhece o bom caminho e tem interesse em nos conduzir para situações melhores.

O ministério de Jesus foi desenvolvido com base em alguns fundamentos, primeiramente para cumprir com o plano de Deus, o resgate da humanidade. Depois, em segundo lugar, temos as pessoas, pois Jesus veio para servir e dar a sua vida para o resgate de muitos. Por fim, Jesus não pactuava com a religião oficial; sua postura ocasionou a perda da sua vida, mas Ele não se conformou e declarou publicamente seu repúdio à religião institucionalizada.

2.2.2 O conceito de vida

É a vida que une os seres humanos e todos os seres que têm vida. A vida não existe em um vazio; na vida não há distinção ou desigualdade. As doenças, por exemplo, são superadas pelo simples fato de o indivíduo existir. A vida é a realização maior dos seres e, com ela, expressamos amor, cuidado, respeito e paz. Aquele que vive deve preservar a vida e cuidar do espaço para que outros possam viver também.

A vida cristã deve ser vivida de tal forma que a morte não prevaleça. Na teologia paulina, os inimigos da vida são o pecado, a morte e a carne. A carne representa:

- o pecado no mundo, que compromete a vida;
- a desobediência a Deus, que consolida o pecado, e a obediência apaga o pecado;
- a injustiça, que traz à tona a força do pecado, e a justiça anula a força do pecado.

Quanto maior for nossa esperança pelo mundo e a busca pela vida de todos, maior será nossa solidariedade contra seus clamores e sofrimentos. A vida vence a morte, Jesus venceu a morte, e com

Jesus entendemos que a possibilidade de vida deve ser para todos. Aqueles que vivem devem buscar formas de ajudar aqueles que sofrem, porque, na luta contra o sofrimento, a vida vence a morte.

2.2.3 O conceito de ecologicidade

O pensamento contemporâneo tomou rumos científicos e tem a proposta de transformar o ser humano e a natureza em fontes de consumo, mercantilizando as pessoas e a natureza. Nossa concepção de Deus criador de todas as coisas requer de nós uma concepção bíblica a respeito da criação e das formas de vida na "casa comum". Entender a natureza como criação de Deus significa compreendê-la como mundo criado por Deus e, por isso, contingente.

Em toda e qualquer divisão científica moderna entre sujeito e objeto, a fé (re)conhece na criação uma comunidade – mesmo que dividida, mas não abolida – da criação. Também existe a subjetividade humana de razão e vontade, que é contraposta à natureza, permanece criada e contingente e não se torna absoluta.

A natureza "visível" não pode ser compreendida como criação se o que é invisível não for considerado como criação. Teologicamente, o (re)conhecimento da realidade terrestre não pode estar contido na aceitação da criação maior se a fé no céu não for reconstituída como o outro lado da criação.

A escravização pelo poder da transitoriedade e a abertura cheia de saudade direcionada ao futuro do reino da glória de Deus determinam a situação atual do mundo, não apenas da pessoa, mas de toda a criação. O que, nessa situação, é caracterizado como natureza não é nem a pura situação original, um jardim do Éden, nem o fim de todas as coisas, a plenitude; mas um destino da criação: um constante processo de destruição, uma ampla comunhão de sofrimento e uma abertura temerosa e tensa em relação a um futuro alternativo.

Concepção teológica sobre cidadania

2.3 A teologia e sua prática na sociedade

Pode-se dizer que a teologia é uma ciência em constante desenvolvimento, a interpretação do sagrado, o diálogo com o transcendente é sua marca, por sua vez tem a tarefa de fazer as interpelações relacionadas ao modo de vida das pessoas, tornando compreensível a revelação Divina e aplicando seus princípios no cotidiano do indivíduos para que eles possam viver uma vida digna e contagiante.

Pensar em teologia na prática é apresentar para os sujeitos de nosso tempo e de outras épocas a maneira de viver sob o ponto de vista de Deus, a teologia cristã traz a mensagem Divina para o ser humano, com ética e moral adequada para uma vida plena.

Como postulado por Joseph Hough e John Cobb, citados por Teixeira (1985, p. 134), e corroborado por vários educadores estadunidenses, a teologia é capaz de superar o paradigma social, quem está influenciando e quais fontes estão pautando o modo de vida do sujeito: "é verdade que, nas comunidades cristãs, cada membro é um teólogo. A saber, mediante a experiência, a teologia levanta questões a partir de suas perplexidades, inquietudes, tristezas, alegrias, ou esperanças a respeito de como viver com Deus e ser-lhe fiel".

2.4 Como a teologia propõe o enfrentamento da pobreza

Para fazermos uma abordagem atual a respeito da teologia, não podemos deixar de lado o assunto dos discriminados, oprimidos e pobres. As classes menos favorecidas serão alcançadas por aqueles homens e mulheres que buscam a Deus e que se dedicam na presença do Senhor. Quantos são aqueles, nos mais distantes rincões deste planeta, que têm dedicado sua vida aos desfavorecidos, nos desertos, nas aldeias, nas favelas das grandes cidades, nos hospitais, nas cadeias, nos prostíbulos e nos diversos redutos de pobreza?

Quando um cristão começa a se relacionar com Deus, ele percebe a necessidade dos carentes e oprimidos. Jesus disse: "Se deres de comer ou beber a um destes pequeninos dos tais e o reino dos céus" (Bíblia. Mateus 25:35).

Na Epístola de Tiago, existe a recomendação de que devemos dar atenção aos pobres, já que os ricos têm os próprios interesses. Outra abordagem importante desse livro é a necessidade de nos preocuparmos com aqueles que são necessitados de alimentos, roupas e coisas básicas para uma família.

A teologia cristã está fundamentada nas Escrituras Sagradas, na vida, na morte e na ressurreição de Jesus Cristo. Quando a teologia se pronuncia a respeito de Jesus, está enfatizando a ação de Deus, que envia o próprio filho ao mundo para reparar o problema do pecado e para que a humanidade possa esperar por sua volta. Logo, torna-se evidente que a vontade de Deus para a humanidade tende a ser benéfica, que Deus deseja o bem e promove a bondade a favor daqueles que acreditam nele.

Em um contexto mundial com vários países em guerra e com a fome, que se apresenta como a grande vilã da humanidade, devemos considerar com muito temor a verdadeira espiritualidade. Em outras palavras, o cristão não pode ficar alheio às necessidades de seu mundo e de seu tempo; o relacionamento com Deus vai contagiar sua vida e fazê-lo sensível àquilo de que seu próximo precisa.

Concepção teológica sobre cidadania

Uma em cada três pessoas no mundo não tem acesso à água potável, segundo o Fundo das Nações Unidas para a Infância (Unicef) e a Organização Mundial da Saúde (OMS) (Unicef, 2019).

Quando os líderes homens e mulheres de Deus, na presença do seu Senhor, com muito temor, sentirem e perceberem as necessidades do mundo, poderemos ter certeza do avanço do reino de Deus. Não podemos pensar em verdadeira espiritualidade no mundo moderno sem encararmos as necessidades das nações.

As pessoas do mundo clamam por comida[1], roupas, água, salvação. Estamos perdidos e iludidos pelas mais diversas religiões enganosas e supersticiosas, que acabam conduzindo e orientando as pessoas de forma errada. Cabe aos líderes responsáveis pela sociedade, aqueles que assumem a responsabilidade de articular

---

1   O crescimento da população mundial seguirá em ritmo intenso até a metade do século XXI. Serão 83 milhões de novas bocas para alimentar por ano até 2050. O número de habitantes saltará de 7,6 bilhões em 2017 para 8,6 bilhões em 2030, um aumento de 1 bilhão de pessoas em 13 anos, segundo a Projeção Demográfica Mundial da Organização das Nações Unidas (ONU), em relatório de 2017. Em 2050, serão 9,77 bilhões de habitantes, a grande maioria vivendo em centros urbanos. Países pobres da África e da Ásia serão os responsáveis pelo grande crescimento da população mundial, mesmo diante um de um quadro em que já existem 83 países com taxas de fecundidade abaixo do nível de reposição. Se, de um lado, há crescimento dos jovens, de outro, cerca de metade da população mundial está reduzindo, com elevado envelhecimento dos habitantes. O estudo das Nações Unidas menciona ainda diferentes formas de má nutrição, como a obesidade, que atinge 641 milhões de adultos, ou 13% do total de adultos do planeta. Em sentido totalmente inverso, países da União Europeia começaram a se articular para reduzir pela metade a quantidade de seus alimentos descartados até 2030. Segundo relatório do Parlamento Europeu, cada cidadão da União Europeia (UE) desperdiça anualmente, em média, 173 quilos de comida. São quase dois quilos de alimentos jogados no lixo a cada semana. Ou seja, não há falta de alimentos, e sim má distribuição entre as regiões do planeta (Saath; Fachinello, 2018).

projetos, o desenvolvimento de programas para que o povo de Deus participe. Devemos respeitar a pobreza e tratar os pobres com dignidade. A pobreza não diminui o valor de uma pessoa; deve despertar em nós a compaixão e a disposição para ajudar.

> "O Pacto de Lausanne foi esboçado por um comitê internacional dirigido por John Stott, o Pacto veio a se tornar um dos documentos mais significativos da história moderna da igreja. Ele se define pela necessidade e objetivos de evangelismo, formando o pensamento evangélico durante o restante do século." (O legado do..., 2022)

O Pacto de Lausanne foi o mais representativo movimento cristão do último século e apresenta a seguinte afirmação a respeito da pobreza:

5. A Responsabilidade Social Cristã

Afirmamos que Deus é o Criador e o Juiz de todos os homens. Portanto, devemos partilhar o seu interesse pela justiça e pela conciliação em toda a sociedade humana, e pela libertação dos homens de todo tipo de opressão. Porque a humanidade foi feita à imagem de Deus, toda pessoa, sem distinção de raça, religião, cor, cultura, classe social, sexo ou idade possui uma dignidade intrínseca em razão da qual deve ser respeitada e servida, e não explorada. Aqui também nos arrependemos de nossa negligência e de termos algumas vezes considerado a evangelização e a atividade social mutuamente exclusivas. Embora a reconciliação com o homem não seja reconciliação com Deus, nem a ação social evangelização, nem a libertação política salvação, afirmamos que a evangelização e o envolvimento sociopolítico são ambos parte do nosso dever cristão. Pois ambos são necessárias expressões de nossas doutrinas acerca de Deus e do homem, de nosso amor por nosso próximo e de nossa obediência a Jesus Cristo. A mensagem da salvação implica também uma mensagem

Concepção teológica sobre cidadania

de juízo sobre toda forma de alienação, de opressão e de discriminação, e não devemos ter medo de denunciar o mal e a injustiça onde quer que existam. Quando as pessoas recebem Cristo, nascem de novo em seu reino e devem procurar não só evidenciar mas também divulgar a retidão do reino em meio a um mundo injusto. A salvação que alegamos possuir deve estar nos transformando na totalidade de nossas responsabilidades pessoais e sociais. A fé sem obras é morta. (O Pacto..., 2022)

Geralmente, quando refletimos a respeito das desigualdades humanas, temos uma forte tendência de partimos para o aspecto político da questão; não podemos negligenciar esse lado, mas também não podemos tratar o assunto como apenas uma proposta partidária de determinado grupo. Deus tem interesse de se revelar a todos, independentemente de sua condição social, raça, sexo ou cor.

Quando pensamos nos menos favorecidos, devemos ter em mente o que podemos fazer para ajudar. Assim, não podemos negligenciar as necessidades de nosso povo. A pobreza é um fator preponderante para a ignorância e a fraqueza do cidadão; para tanto, temos as Escrituras Sagradas como uma fonte de crescimento intelectual e moral, e a Bíblia tem sido, na América Latina, um repositório de moralidade.

Ainda precisamos mencionar a pobreza da África e da Ásia. A mensagem do Evangelho chega até esses povos com uma forte ênfase ufanista e como uma solução humana. A solução para a pobreza não está no fato de darmos comida para o pobre, mas em apresentar uma alternativa de mudança total de vida, sem negligenciar o fato de que todos precisam comer.

....

O continente africano é um grande produtor e exportador de produtos agrícolas, no entanto não consegue alimentar sua população. A África apresenta um elevadíssimo número de subnutridos, e isso lhe dá a condição de pior do mundo nesse aspecto. O continente se caracteriza pela presença da fome, uma realidade que aumenta a cada dia. Os países que mais sofrem com isso são Etiópia, Somália, Sudão, Moçambique, Malavi, Libéria e Angola.

De acordo com o diretor-executivo do Programa Mundial de Alimentos da ONU, há muitas causas para essa situação deplorável, entre elas: ocupação de grande parte das terras para o plantio de monocultoras destinadas à exportação; diminuição da oferta de alimentos no continente; grande ocorrência de desertificação por conta da ocupação de áreas impróprias para a prática da agricultura; diminuição das pastagens e terras férteis; conflitos étnicos que resultam em guerras civis. Em suma, o que temos é um quadro socioeconômico bastante debilitado, e as perspectivas são negativas em relação a esse continente (Freitas, 2008).

Tais questões não podem passar despercebidas por aqueles que buscam Deus. No lugar de oração, durante o tempo de comunhão, podemos ter certeza de que Deus inquietará seu coração a esse respeito. Os grandes homens e mulheres que viveram uma vida espiritualmente autêntica se comprometeram com sua geração, tentando alcançar e suprir as necessidades de seu povo.

Jesus atendeu às necessidades de seu povo com comida, cura, alento, conforto. Jesus não inventou as necessidades, mas trabalhou a partir das carências de sua época. Aqueles que passam fome precisam, ao mesmo tempo, de comida e alento para sua dor ou tristeza do presente. Não podemos apenas apresentar o porvir; a mensagem do reino deve ser para o porvir e para apresentar um projeto de vida e orientações sobre o que se deve fazer hoje.

A pobreza assusta, emociona e até mesmo nos leva a lágrimas, mas nada disso adianta se não nos posicionarmos; precisamos acreditar a ponto de agirmos em prol dos desfavorecidos. Pessoas

Concepção teológica sobre cidadania

e grupos humanitários têm surgido em favor dos pobres. Alguns são atuantes e bíblicos; outros ficam apenas no discurso no que diz respeito à ajuda; outros levantam verbas para projetos que muitas vezes não chegam até seu destino final e, quando chegam, já perderam os valores financeiros iniciais, para não dizer que muito foi gasto onde não deveria ter sido gasto.

A solução para a pobreza não está no discurso; precisamos agir e buscar alternativas de Deus para ajudar aqueles que verdadeiramente estão necessitados.

Para sermos atuantes, devemos renunciar às nossas comodidades. As necessidades são maiores do que nossas regalias, e precisamos acreditar que podemos ajudar, precisamos viver essa ajuda, precisamos viver um estilo de vida simples (Padilha, 2015). Na prática da vida simples e da humildade, comum para as pessoas engajadas no serviço cristão, encontramos uma forma de identificação e comunicação com os mais necessitados, já que as pessoas que passam por necessidade não se identificam com vaidades e com a arrogância de alguns que se dizem solidários.

Quando desenvolvemos um relacionamento genuíno com Deus, contagiamos os outros e levamos a sociedade a exercer uma função muito especial quanto à pobreza.

Generosidade faz parte de Cristo. Podemos perceber, em todas as suas atividades ministeriais, sua disposição para ajudar, dar, sacrificar algum valor pessoal. As pessoas devem refletir a vida de Cristo, e o espírito de generosidade deve permear todas as atividades da sociedade. Não podemos deixar de pensar que, perante Deus, todos somos iguais. Deus não nos trata com preconceitos. Deus ama a todos, e todos os que lhe obedecem recebem seus favores; até mesmo os desobedientes são favorecidos pelas obras de Deus, como o sol e a chuva.

Todos têm a opção de uma vida melhor através de Cristo; mesmo não sendo uma vida farta aqui na terra, a esperança do céu faz uma grande diferença na perspectiva existencial. Podemos afirmar que existem pobres ricos, pessoas que muitas vezes vivem em uma situação de vida caótica, mas espiritualmente estão certos da vida eterna com Deus, na qual todas as dificuldades serão superadas.

O **princípio da mutualidade** se destaca na família – quem dá é o que também recebe. Não é dar para receber; o dar faz parte da vida normal da família cristã, e assim as grandes bênçãos de Deus alcançam vários. Devemos entender que o agir de Deus e os favores para com o seu povo ultrapassam o físico e o visível. Às vezes, percebemos pessoas pobres que quase não têm o que comer, mas que têm uma vida espiritual contagiante.

Mutualidade significa "Particularidade, característica ou qualidade do que é mútuo; em que há reciprocidade ou troca. Troca realizada de modo recíproco; mutuação: a mutualidade de grandes benefícios. Colaboração mútua: a mutualidade de pequenas empresas." (Mutualidade, 2022).

Quando a família é madura e vive de acordo com as Escrituras, a generosidade se torna um privilégio, e não um sacrifício. Para muitos, a contribuição é apenas uma obrigação; em outras palavras, estão tentando comprar os favores de Deus. A contribuição dentro da família reflete o caráter de Jesus, e vários serão favorecidos com essa dinâmica. Proporcionalmente, vamos contribuir e vários serão ajudados.

É um dever sair em busca dos necessitados e levar o que precisam – alguns precisam de comida, outros de carinho e consideração, outros de orientação para as decisões existenciais, outros de libertação de vícios e atividades demoníacas. Cabe à sociedade fazer a identificação das necessidades de sua comunidade e agir para atendê-las.

Concepção teológica sobre cidadania

> *Motivações erradas para o serviço social cristão: vazio ou sentimento de culpa; competição com outra sociedade; empreguismo; ativismo impensado; modismo; disponibilidade de verbas; isca evangelística; manipulação política; ocupação de espaços ociosos; ideologias (quer políticas, quer religiosas). A experiência tem revelado que a motivação é a chave do serviço social cristão. A correta motivação conduz ao serviço social, e a motivação errada traz consigo consequências funestas. O máximo que esta consegue é um assistencialismo paternalista.* (Teixeira, 1985, p. 134)

A principal motivação para ajudar é obedecer às orientações de Deus. Não fazemos nada para competir, nos promover ou defender determinadas ideologias políticas. Deus quer que ajudemos nosso próximo. A motivação correta é seguir o mesmo espírito de Cristo. Portanto, a opção pelos pobres deve partir de uma compaixão divina, inspirada por Deus, não em defesa de um ideal político ou até mesmo religioso.

Para concluir: pensando em soluções para o problema, devemos levar em conta que as ações transformadoras são mais importantes do que apenas o discurso. Agir significa levar comida para quem tem fome, além de atender as principais necessidades humanas, observando também as carências espirituais, a mensagem da salvação de Jesus Cristo e a libertação da maldade e tudo o que for preciso para que as pessoas vivam uma vida plena em harmonia com o físico e o espiritual.

Uma verdadeira projeção na sociedade acontece muito mais pelo que se faz do que pelo discurso. Por isso não podemos apenas ficar na teoria, precisamos agir. "Comida para quem tem fome" – esse deve ser um *slogan* a ser praticado. Pensando em comida, podemos incluir as principais necessidades humanas, como comida para a alma, a salvação e a libertação, comida para a família, alimentos e tudo para o que for preciso para a sobrevivência humana, para a comunhão com Deus, conhecer a Deus e ser ensinado por Ele.

Síntese

Neste capítulo, abordamos o entendimento a respeito do modo de vida em sociedade segundo os fundamentos teológicos, importantíssimos para que o indivíduo viva uma vida plena, com os ideais de liberdade e as possibilidades de um futuro melhor.

Vimos, também, que na teologia se encontram as orientações divinas sobre a harmonia existencial e a forma de praticar a solidariedade de maneira eficaz. O sonho de um futuro melhor deve ser permeado com a esperança de vivermos de forma contundente na direção e na prática do amor ao próximo, seguindo os exemplos de Jesus.

Indicações culturais

A CORRENTE do bem. Direção: Mimi Leder. 2001. 123 min.

O filme trabalha princípios de bondade e o reflexo social de valores e atitudes positivas. Um professor propõe um trabalho aos seus alunos: eles devem praticar boas ações. Porém, o professor não imagina a dimensão que o trabalho escolar vai tomar em toda uma comunidade e na sociedade.

Concepção teológica sobre cidadania

Atividades de autoavaliação

1. Sobre o conceito de cidadania, assinale a alternativa correta:
   a) A cidadania é um dos principais fundamentos da democracia e abrange as obrigações dos sujeitos para com o Estado.
   b) O cidadão, em um Estado democrático, não tem direito à liberdade, à propriedade e a outros direitos civis e políticos.
   c) Ser cidadão é viver a plena cidadania, a liberdade, pois cidadão é o ser humano que vive ativa e decisivamente na sociedade.
   d) Não cabe ao cidadão a plena cidadania; ele é, antes, um sujeito que deve apenas cumprir seus deveres para com o Estado e a sociedade de forma inquestionável.
   e) O cidadão é um indivíduo que não tem consciência de seus direitos e deveres e, por isso mesmo, não participa das diversas questões da sociedade.

2. A respeito da relação entre cidadania e liberdade, analise as questões a seguir e marque V para as afirmativas verdadeiras e F para as falsas:
   ( ) O conceito de cidadania está intimamente ligado a outro conceito, o de liberdade.
   ( ) A liberdade direciona-se para o futuro, pois implica almejar uma vida curada, justa e boa, na expectativa de dias melhores.
   ( ) Analisar a liberdade é pensar de forma criativa. O sujeito pode, em pensamento, palavra, ação e atitude, transcender o tempo presente em direção ao futuro.
   ( ) Mesmo nas histórias da Bíblia, encontramos tempos de liberdade e escravidão. As pessoas orientadas por Deus e vivendo em obediência experimentaram momentos de

êxtase da liberdade; aqueles em desobediência sofreram dores e foram escravizados.

( ) A liberdade está ligada apenas ao aspecto individual de fazer o que se deseja quando se deseja. O conceito não está relacionado à ideia de coletivo, de sociedade.

Agora, assinale a alternativa que indica a sequência correta:

a) V, V, V, V, F.
b) V, V, V, F, V.
c) V, F, V, V, V.
d) F, V, V, V, V.
e) V, V, V, V, V.

3. Na teologia paulina, são considerados inimigos da vida:
a) o pecado, a morte e a carne.
b) a morte, a liberdade e a política.
c) o egoísmo, a luxúria e a morte.
d) a ganância, a arrogância e a soberba.
e) o individualismo, o pecado e o orgulho.

4. A respeito da cidadania prática, analise as afirmativas a seguir:
   I) A participação social refere-se ao engajamento em diversos temas da sociedade contemporânea, pois cabe ao cidadão participar e atuar. Não adianta apenas criticar, não adianta apenas conhecer; precisamos de ação, intervenção, participação, para poder mudar o que está errado.
   II) O cristão, como cidadão, não precisa conhecer o que está por trás dos diversos pensamentos na sociedade contemporânea, pois isso não condiz com os ensinamentos bíblicos.
   III) As ações transformadoras dizem respeito a uma cidadania que estimula a ação. Ao nos defrontarmos com os problemas da sociedade contemporânea, devemos agir de forma

Concepção teológica sobre cidadania

decisiva, buscando alternativas para resolver os problemas da sociedade com a participação social.

Marque a alternativa que indica a(s) afirmativa(s) correta(s):

a) I.
b) I e II.
c) I e III.
d) II e III.
e) I, II e III.

5. Leia o fragmento de texto a seguir:

A população destituída, depauperada e subnutrida do mundo introduz-se no contexto da evangelização. [...] Todos estamos chocados com a pobreza de milhões de pessoas, e conturbados pelas injustiças que a provocam. Talvez não tenhamos o mesmo conceito de justiça e injustiça, nem partilhemos todos das mesmas teorias e soluções econômicas, nem creiamos todos que a vontade de Deus seja uma sociedade igualitária em que mesmo as mais mínimas diferenças de renda e de propriedade não são toleradas. (Stott, 1989, p. 42)

Assinale a alternativa correta:

a) Para se fazer uma abordagem atual a respeito da teologia, pode-se deixar de lado o assunto dos discriminados, oprimidos e pobres.
b) A verdadeira espiritualidade precisa estar afastada das necessidades do mundo e de seu tempo, pois deve preocupar-se somente com os exercícios espirituais, como a oração.
c) Não cabe aos líderes responsáveis pela sociedade a responsabilidade de articular projetos e desenvolver programas para que o povo de Deus participe.

d) Devemos estar conformados com a pobreza, pois ele sempre existirá. Não há como ajudar.

e) Quando os líderes de Deus, na presença do seu Senhor, com muito temor, sentirem e perceberem as necessidades do mundo, poderemos ter certeza do avanço do reino de Deus.

Atividades de aprendizagem

Questões para reflexão

1. Faça um texto de no mínimo 10 linhas relacionando os ensinamentos de Cristo com a cidadania.

2. Para você, o que é ser verdadeiramente um cidadão?

Atividades aplicadas: prática

1. Pesquise e leia o texto de Bertolt Brecht intitulado "O analfabeto político". Sabendo-se que a injustiça traz à tona a força do pecado e que a justiça anula essa força, qual deve ser a posição de um cristão diante da política?

2. Leia o fragmento de texto a seguir, extraído da Constituição Federal do Brasil de 1988:

TÍTULO I

Dos Princípios Fundamentais

Art. 1º A República Federativa do Brasil, formada pela união indissolúvel dos Estados e Municípios e do Distrito Federal, constitui-se em Estado Democrático de Direito e tem como fundamentos:

I – a soberania;

II – a cidadania;

III – a dignidade da pessoa humana;

IV – os valores sociais do trabalho e da livre iniciativa;
V – o pluralismo político.
Parágrafo único. Todo o poder emana do povo, que o exerce por meio de representantes eleitos ou diretamente, nos termos desta Constituição.
(Brasil, 1988)

Agora, pesquise no mínimo cinco formas diferentes de como o cristão pode atuar de maneira proativa na sociedade, a fim de exercer sua cidadania.

capítulo três

Conceito de sociedade

segundo a teoria da ação comunicativa de Habermas: uma perspectiva teológica

A sociedade é complexa e ilimitada em sua essência; é composta por pessoas, homens e mulheres com capacidade de escolha, sujeitos que vivem suas tradições religiosas e culturais. Os comportamentos gerados pelas escolhas desses indivíduos resultam em uma formação social que podemos chamar de *sociedade*.

Com sua teoria da ação comunicativa, Habermas busca explicar o fluxo da existência da sociedade. É isso o que veremos neste capítulo.

3.1 A opinião pública segundo a teoria da ação comunicativa de Habermas

Aqueles que atuam na sociedade têm agido de forma espontânea, ou seja, falta uma base teórica para servir de referência para suas ações. É possível perceber determinados comportamentos que acabam reproduzindo alguns fundamentos desenvolvidos na sociedade sem que se considerem os resultados e as implicações envolvidas. Tendo em vista essa situação, cabe analisarmos os conceitos relacionados à ação comunicativa de Habermas, filósofo e sociólogo alemão contemporâneo, e sua influência na sociedade midiática e no ambiente contemporâneo.

Jürgen Habermas é, ao lado de Hans-Georg Gadamer, o mais importante filósofo alemão do pós-guerra. Ele se coloca como continuador e inovador da tradição antiacadêmica, sobretudo aquela ligada a Karl Marx e ao chamado *marxismo ocidental*, uma vez que em suas reflexões não há espaço para o marxismo oriental-leninista. Até 1979, seu nome foi associado à Escola de Frankfurt.

Hans-Georg Gadamer nasceu em 1900, na Alemanha, e morreu em 2002. É considerado o fundador da hermenêutica contemporânea.

Entre os anos de 1956 e 1961, Habermas foi assistente de Theodor Adorno, um dos principais representantes da teoria crítica da Escola de Frankfurt, juntamente com Herbert Marcuse, Max Horkheimer e Walter Benjamin. Esses autores desenvolveram uma análise em que a sociedade deve ser mapeada e orientada em função do sujeito (Habermas, 1975, 1997).

Theodor Adorno (1903-1969) foi um filósofo, sociólogo e musicólogo alemão, um destacado representante da chamada *teoria crítica da sociedade*, desenvolvida no Instituto de Pesquisas Sociais (Escola de Frankfurt). Essa teoria crítica se opõe à teoria tradicional e toma a sociedade como objeto, rejeitando a ideia de produção cultural independente da ordem social em vigor. O termo *indústria cultural* foi criado por Adorno e constituiu-se em um dos temas principais de sua reflexão.

Duas coisas chamaram a atenção de Habermas quanto à perspectiva de Adorno: o fato de falar de Marx como se fosse um contemporâneo e a ignorância em relação a Heidegger e à filosofia alemã recente. Diferentemente de Adorno, Habermas mantinha contato com a tradição filosófica recente (Habermas, 1990a).

Martin Heidegger (1889-1976) foi um filósofo alemão da corrente existencialista. Foi professor e escritor, exercendo grande influência em intelectuais como Jean-Paul Sartre. A filosofia de Heidegger baseia-se na ideia de que o homem é um ser que busca aquilo que não é. Seu projeto de vida pode ser eliminado pelas pressões da vida e pelo cotidiano, o que leva o homem a isolar-se de si mesmo. Heidegger também trabalhou o conceito de angústia, a partir do qual o homem transcende suas dificuldades ou se deixa dominar por elas. Assim, o homem seria um projeto inacabado.

A ideia de Habermas era encontrar uma alternativa para sobrepor o conceito da racionalidade instrumental, aumentando o conceito básico da razão para o de uma razão com outros aspectos, como as possibilidades de uma harmonização consigo mesma.

"Jürgen Habermas será o autor que buscará enfrentar os fantasmas detectados por Weber, Adorno e Horkheimer nos processos de racionalização societária. Estes autores mostraram em suas análises, o processo pelo qual o Iluminismo que, na forma da razão científica, surgiu no séc. XVIII como o grande agente de libertação social, de conquista da maioridade pelo ser humano, de destruição dos mitos, transforma-se ele próprio em um novo mito e consolida-se enquanto ideologia de dominação que legitima a sociedade capitalista. A dominação do homem sobre a natureza, converte-se em dominação do homem sobre o homem, em mundo administrado em nome da técnica, abrindo espaço para a eclosão da des-razão no seio da sociedade de consumo moldada pela indústria cultural. Para Habermas, a análise destes autores chega a um impasse porque eles trabalham com um conceito restrito de razão. Em virtude disto, eles confundem o processo de modernização capitalista, que é calcado na razão instrumental, como sendo a própria racionalização societária (Habermas, 1987a). Agindo desta forma, confundindo racionalidade do sistema com racionalidade da ação, estes autores só conseguiram situar a espontaneidade livre de reificação em poderes irracionais como o carisma, no caso de Weber, a arte, para Adorno e o amor, para Horkheimer.

Para sair deste impasse, Habermas propõe um salto paradigmático, no qual abandona-se o paradigma da consciência a que estes autores se encontram presos, em prol de um paradigma da comunicação. O paradigma da consciência é calcado na ideia de um pensador solitário que busca entender o mundo a sua volta, descobrindo as leis gerais que o governam, revelando a unidade encoberta sob a diversidade aparente. Neste modelo há uma relação de subordinação do objeto frente ao sujeito. Para Habermas, este paradigma não se sustenta mais. Depois que Hegel mostrou o caráter intrinsecamente social e histórico das estruturas da consciência, que Marx revelou que a mente não é o campo da natureza, mas o inverso e que as formas de consciência são representações ocultas das formas de reprodução social; depois que Darwin estabeleceu o vínculo entre inteligência e sobrevivência e, finalmente, que Nietzche e Freud revelaram o inconsciente no âmago da consciência, dá-se uma de sublimação do espírito e um enfraquecimento da filosofia (McCarthy, 1984). O pensamento filosófico perde sua autossuficiência, caem as esperanças de se encontrar os fundamentos últimos de uma primeira filosofia." (Pinto, 1995, p. 78)

3.2 A razão comunicativa como ponto de análise da sociedade

Não obstante as diferenças de pensamento desses filósofos, um tema perpassa a obra de todos eles: a crítica radical à sociedade moderna, entendendo-se que esta deve ser mapeada e orientada de acordo com o sujeito. Nesse ponto entra a teologia, que deve apontar para Deus, já que o sujeito sem Deus existe em um vazio. Deus precisa fazer parte da sociedade, é o criador das sociedades e cabe a Ele apresentar sua forma de funcionamento.

Ao fazer uma análise do discurso filosófico da modernidade, Habermas concluiu que a agenda filosófica se torna uma realidade no modo de vida das pessoas: "A consciência transcendental deve-se concretizar-se na prática do mundo da vida, adquirir carne e sangue em encarnações históricas" (Habermas, 1988, p. 7).

Ao inserir esses conceitos no ambiente da comunicação, começa-se a notar implicações amplas. Aqueles que exercem as funções comunicativas devem se dar conta da força da subjetividade no mundo das pessoas e entender as normas da sociedade e a força das instituições, visto que essas relações estão entrelaçadas no meio social e são muito fortes no ambiente da comunicação midiática.

Quadro 2.1 – Elementos constitutivos e constituintes do sujeito na sociedade

Matriz	Elementos constitutivos e constituintes	Como o sujeito fronteiriço se inscreve nesse contexto?
O mundo objetivo das coisas.	Coordenação de ações.	Com participação; consolidação da identidade; demonstração de sentimentos; razão e afetividade simultaneamente.
O mundo social das normas e das instituições.	Normas sociais previamente estabelecidas.	
O mundo subjetivo das vivências e dos sentimentos.	Todas as intenções revelam algo de sua vivência.	

No contexto político dos anos 1970, surgiram na Alemanha e no Ocidente propostas com teor neoconservador e neoanárquico, a fim de rejeitar as sociedades democráticas. Isso trouxe preocupação para Habermas, que lançou a obra *Teoria do agir comunicativo* no ano de 1981, uma análise abrangente e complexa sobre a teoria orgânica da racionalidade crítica e comunicativa, que tem como fundamento a dialética entre o agir instrumental e o agir comunicativo. Habermas propõe um novo sistema e mundo da vida com base nessa dialética Ele relaciona o sistema com o agir instrumental do Estado e toda a sua estrutura econômica. Por sua vez, o mundo da vida está relacionado ao agir comunicativo; é o conjunto de valores que cada indivíduo coloca em prática de forma comunitária, de maneira imediata, espontânea e natural.

Segundo Habermas, o Estado e a sociedade transformaram-se em autônomos por meio do valor de troca e do poder administrativo. Esses fatores foram condensados em um sistema monetário-administrativo, montado de modo que o agir comunicativo afetou a esfera pública e privada dos indivíduos, tornando-se um complexo modo de vida.

Essa complexidade e interferência no modo de vida sofrem ameaças de um outro sistema, a colonização interna, que afeta e coloca em risco a liberdade dos sujeitos – essa argumentação de Habermas lança luz sobre os limites do marxismo. Trata-se das questões de produção sociocultural e de um contraponto às questões-chave do marxismo (luta de classes, opressão e coisificação).

A comunicação nos ambientes sociais e os contornos existentes a partir das ações humanas são afetados de maneira drástica. Aqueles que exercem ações midiáticas devem ter conhecimento dessa influência e reagir de acordo com os princípios éticos e os bons costumes.

Nesse contexto, destacam-se as teorias fundamentais do velho marxismo e as teorias pós-modernas que rejeitam o bloco do racionalismo ocidental com sua face humanizada e iluminista. Habermas analisa com confiança os vários movimentos que se desenvolvem na defesa do modo de vida das pessoas e para enriquecê-las, os quais devem trazer autonomia para o sujeito quanto às ameaças da colonização geradas pelo sistema. Habermas não apresenta projetos políticos; permanece no campo das teorias e propõe uma reanálise do marxismo no que se refere aos problemas e aos conflitos das sociedades contemporâneas.

Miranda (2011, p. 13-14) faz uma leitura da sociedade moderna e pós-moderna:

> *A sociedade pluralista se orienta por uma ampla gama de sentidos e de orientações para que o indivíduo possa construir sua biografia sem enquadrá-lo como no passado em que havia apenas uma única visão*

aceita e imposta pela sociedade. Aquele que exerce o ministério midiático contemporâneo precisa entender que sua mensagem não é a única.

A tese de Habermas prevê que as sociedades exerçam suas escolhas de modo de vida com base em diversas variáveis, não apenas nos princípios tradicionais estabelecidos. Quando a sociedade entender esse fator, ela poderá dialogar com as várias tendências, apresentando o cristianismo como verdade orientadora para o indivíduo e a salvação proposta por Jesus. Essa é a diferença do cristianismo para as outras religiões, apesar de se identificarem em outros aspectos. A salvação é uma marca única do cristianismo; só Jesus salva, liberta o indivíduo do egoísmo e lhe concede a possibilidade da vida eterna.

Habermas desafia abordagens elitistas ao advogar a favor da centralidade da participação de cidadãos. Essa participação deve ocorrer por meio da formação de públicos, que discutem problemas de interesse coletivo, assim fortalecendo o desenvolvimento epistêmico de soluções e a capacidade dos cidadãos de influenciar processos de tomada de decisão. Habermas explica que sua teoria não busca uma descrição realista da realidade, como a desenvolvida por elitistas e muitos liberais pluralistas. Ele defende uma abordagem normativa que lhe permita, como bom teórico crítico, elaborar um profundo diagnóstico dos problemas existentes, de modo a construir possíveis trilhas para a emancipação. Sua teoria objetiva transformar a realidade de acordo com suas efetivas possibilidades (Mendonça, 2016).

Identificamos, na América Latina, a existência de sociedades construídas segundo os princípios cristãos, portanto a transformação é um fator que se pode chamar de *desenraizamento da fé cristã*. No entanto, a transmissão da fé cristã já não ocorre de forma convencional. Na sociedade pós-moderna, as crianças e os jovens recebem muito mais informação pelos meios de comunicação social – como a televisão e as redes sociais – do que de suas famílias, das escolas e dos grupos sociais (A sociedade..., 2016).

No mundo pós-moderno, com suas descobertas e o avanço da tecnologia, surgem novos desafios, que precisam ser enfrentados à luz da globalização. A vida social de hoje tem, em suas estruturas, sinais de instabilidade; os valores morais são frágeis, as instâncias políticas têm se enfraquecido, e os fatores econômicos têm sido afetados por um consumismo desequilibrado.

Na relação com o Estado, cabe ao cidadão levar em conta o que afirma o filósofo Habermas (1997, p. 38):

> *A participação dos sujeitos no processo democrático pressupõe uma posição jurídica que leva em conta os direitos fundamentais e liberais como também os direitos políticos dos cidadãos, dessa forma o poder estatal com um todo é afetado pelas leis e não deixa abertura para serem ocupados por fatores pré-jurídicos.*

De certa forma, o Estado deve funcionar com a participação de todos, em uma discussão racional, mesmo que não se possa prever seu resultado. A livre escolha se faz evidente, e o cidadão deve participar podendo exercer sua fé com liberdade.

....

"'Argumentação', 'alegação' e 'discurso': são esses princípios comunicativos que direcionam a análise habermasiana. Os direitos de expressão, pensamento e debate, com razoável troca entre iguais, conformam o ideal que interessa a Habermas.

Segundo o que o próprio Habermas diz, "o mercado verdadeiramente livre é o do discurso cultural em si, inserido, é óbvio, em regulações normativas. O que é dito tem sua legitimidade não de si mesmo como mensagem, tampouco do status social de quem a proferiu, mas da sua conformidade enquanto declaração baseada num paradigma de razão registrada no momento do relato." (Cancian, 2022)

Um dos desafios para um Estado secularizado é desenvolver o diálogo com os sujeitos, em um ambiente plural, no qual diversas opiniões e posicionamentos sociais precisam ser interpretados pelo Estado de maneira que o cidadão tenha a possibilidade de expressar e viver seu modo de vida com liberdade.

Habermas (1997) estabeleceu parâmetros para avaliarmos temas de interesse público quanto ao grau de democratização:

- racionalidade, ou seja, as preferências devem ser justificadas com argumentos;
- expectativa de que os participantes questionem e superem suas preferências iniciais;
- inclusividade, isto é, todos devem poder participar;
- igualdade, o que quer dizer que os envolvidos no debate devem trocar opiniões na condição de sujeitos livres e iguais moral e politicamente;
- não coerção entre os participantes, ou seja, os argumentos devem se sustentar por suas qualidades;
- não restrição de tópicos, logo qualquer tema pode ser publicamente relevante;
- revisibilidade de decisões, isto é, o processo deve ser de aprimoramento contínuo.

3.3 A teoria da ação comunicativa e suas implicações sociais

A teoria da ação comunicativa, desenvolvida pelo filósofo contemporâneo Habermas, tem contribuído para várias análises comportamentais e sociais e aponta caminhos para que a comunicação alcance seus objetivos no que diz respeito ao trato da pessoa humana nos aspectos, sociais, culturais e pessoais. Explica o autor: "eu pretendo arguir que uma mudança de paradigma para o da teoria da comunicação tornará possível um retorno à tarefa que foi interrompida com a crítica da razão instrumental; e isto nos permitirá retomar as tarefas, desde então negligenciadas, de uma teoria crítica da sociedade" (Habermas, 1989, p. 386).

Essa é uma forma de análise da sociedade que deve levar em conta o sujeito e suas implicações:

> não é a relação de um sujeito solitário com algo no mundo objetivo que pode ser representado e manipulado, mas a relação intersubjetiva, que sujeitos que falam e atuam, assumem quando buscam o entendimento entre si, sobre algo. Ao fazer isto, os atores comunicativos movem-se por meio de uma linguagem natural, valendo-se de interpretações culturalmente transmitidas e referem-se a algo simultaneamente em um mundo objetivo, em seu mundo social comum e em seu próprio mundo subjetivo. (Habermas, 1989, p. 392)

Essa compreensão do mundo está baseada nos conceitos desenvolvidos por Piaget. "Habermas acredita que, na estrutura da linguagem cotidiana, está embutida uma exigência de racionalidade pois, com a primeira frase proferida, o homem já manifestava uma pretensão de ser compreendido, uma busca de entendimento" (Aragão, 1992, p. 82).

Uma característica fundamental da racionalidade é sua capacidade de expressão linguística e suas pretensões quanto à análise crítica de certos temas sociais. Para Habermas (1989), um bom processo de comunicação deve ser mediado de forma linguística para que atinja seu processo de validade. A análise das comprovações deve seguir algumas etapas:

- confirmação das afirmações: o entendimento do modo de vida das pessoas deve ser explícito e pode ser validado com experiências reais;
- maneira de corrigir: refere-se à compreensão a respeito do modo de vida dos sujeitos no mundo e de todos os atores que fazem parte do processo social das relações humanas, com processos que as legitimem;
- verdade e honestidade: no mundo subjetivo, a complexidade e a totalidade das experiências no processo de comunicação levam ao fato de que cada situação tem sua característica de acesso privilegiado para alguns atores.

Os temas relacionados à razão comunicativa apontam para uma análise de conceitos do modo de vida das pessoas tendo como base os objetivos sociais e subjetivos. Esse entendimento, segundo Habermas (1989), é o que faz diferença no pensamento moderno, em que o modo de entender as coisas e as conclusões vão sendo considerados conforme a realidade social de cada um e as perspectivas que a sociedade contemporânea nos apresenta.

A necessidade de entendimento e sua capacidade de unir os diversos atores sociais em uma base de comunicação levam ao entendimento fundamental para as análises críticas, e assim se estabelece a ação comunicativa. Como afirma Habermas (1989, p. 285-286), a ação comunicativa ocorre *sempre que as ações dos agentes envolvidos são coordenadas, não através de cálculos egocêntricos de sucesso, mas através de atos de alcançar o entendimento (grifo nosso). Na ação comunicativa, os participantes não estão orientados primeiramente para o seu próprio sucesso individual, eles buscam seus objetivos individuais respeitando a condição de que podem harmonizar seus planos de ação sobre as bases de uma definição comum de situação. Assim, a negociação da definição de situação é um elemento essencial do complemento interpretativo requerido pela ação comunicativa.*

O mundo da vida pode ser compreendido como o ambiente em que os atores se situam, datam seus comportamentos em determinados espaços sociais e respeitam o contexto histórico.

se a verdade é o que é fundamentado, então o fundamento não é verdadeiro, ou falso [...]. [Mesmo porque], os atores estão sempre se movendo dentro do horizonte do seu mundo da vida, eles não podem se colocar de fora dele. Como intérpretes, eles próprios pertencem ao mundo da vida, por meio de seus atos de fala, mas não podem se referir a "algo no mundo da vida" da mesma forma que podem fazer com fatos, normas e experiências subjetivas. (Habermas, 1987a, p. 125-126)

Compreendendo o mundo da vida com base em seus componentes culturais, temos as seguintes definições:

- A cultura é compreendida como o depósito do conhecimento no qual os atores se abastecem de interpretações e buscam uma compreensão mais acurada sobre determinados assuntos.
- A sociedade é o ambiente no qual os setores e as ordens alcançam a legitimidade e seus participantes se ajustam de forma que a alteridade prevaleça.

- A pessoa é a categoria que se interpreta segundo as competências que levam o indivíduo a falar, agir e compor a própria personalidade.

Para Habermas, existe uma relação direta entre a ação comunicativa e o modo de vida, já que um produz as estruturas representativas para a outra. A ação comunicativa serve para influenciar o saber cultural, coordenando a ação e a integração social e, por fim, contribuindo para a formação da personalidade do indivíduo.

Assim, a teoria da ação comunicativa, proposta por Habermas, normatiza e sugere fórmulas para que os conceitos de comunicação sejam construídos com base em uma estrutura organizacional de comunicação. Nos dias atuais, a comunicação deve ser baseada em princípios e visar ao bem da sociedade; não se deve propagar a maldade nem usar ferramentas de comunicação com intenções dúbias. Cabe àqueles imbuídos da tarefa de transmitir opiniões e de indicar caminhos a serem seguidos pelos sujeitos em seu modo de vida e no contexto existencial compreender que os apontamentos devem ser norteadores e fundamentados na ética e nos bons costumes.

De outra feita, a teoria da ação comunicativa de Habermas, no que se refere ao sistema (o poder como forma de influência) e ao modo de vida (a linguagem adequada para interpretar as formas de vida da sociedade), após análise e interpretação desses postulados, permite chegar a uma chave para a interpretação da sociedade contemporânea com seus efeitos e sistemas de comunicação. Os problemas organizacionais aparecem e precisam ser confrontados por meio de uma comunicação eficaz, preservando-se a autonomia do sujeito e indicando-se valores importantes para que a voz comunicativa seja baseada em uma cultura de paz.

A respeito da formação de comunicadores, a teoria de Habermas aponta para uma influência de setores da sociedade sobre os destinos dos sujeitos. Percebe-se a necessidade de elementos que ampliem os caminhos da influência pelas redes de comunicação, principalmente no ambiente tecnológico e midiático em que vivemos.

Dessa maneira, essa teoria fornece base para a ampliação de órgãos e instrumentos que estimulem as ações públicas e os investimentos de diversos setores, também promovendo ações relevantes para discussão, análise e deliberações sobre conceitos e valores cristãos. Habermas, portanto, dá um passo largo no debate social a respeito da influência dos métodos de comunicação na sociedade.

3.4 Habermas e sua influência na sociedade contemporânea

Oliveira (2008, p. 14) observa: "De fato, ele [Habermas] diz claramente: 'Hegel e Marx foram e permanecem sendo o ponto de referência mais importante do meu pensamento'".

Nas sociedades industriais, o sistema de modernização passou a ser importante por se apresentar de forma racional, por assim dizer, pela racionalidade instrumental. A racionalidade instrumental, como resume McCarthy (1995, p. 10, tradução nossa), caracteriza-se por: "modernidade *versus* pós-modernidade, racionalismo *versus* relativismo, universalismo *versus* contextualismo, subjetivismo *versus* objetivismo, humanismo *versus* 'morte do homem' etc.".

Em seu livro *Eclipse da razão*, publicado em 1955, Horkheimer define mais amplamente o conceito de racionalidade instrumental. Ele distingue duas formas de razão: a razão subjetiva (interior) e a razão objetiva (exterior).

De certa forma, o transcendente serve de base para construir o modo de vida do sujeito. A humanidade, de acordo com os aspectos da transcendência, forma esse ser humano social.

Com sua teoria, Habermas tem por objetivo indicar que os temas relacionados com verdade, liberdade e justiça estão inseridos de maneira transcendente nas estruturas do modo de vida das pessoas.

Tanto a sociedade moderna e a pós-moderna se orientam pelo viés pluralista e são vários sentidos que apresentam alternativas para os sujeitos, tomando essa base de alternativas tanto filosóficas quanto conceituais, em que as diferentes formas de viver a vida e analisar o mundo são apresentados por aqueles que formulam os pensamentos da sociedade. O cidadão precisa entender que não se baseia a vida e o modo de vida apenas em uma única mensagem.

Portanto, a análise da sociedade deve estar fundamentada nos princípios éticos e morais. Levando em conta que vivemos em um continente cristão, no qual o pensamento sobre Deus e seus preceitos prevalecem sobre o modo de vida dos sujeitos, esperamos que os valores, sociais, culturais e religiosos sejam construídos pela experiência do indivíduo com Deus.

3.5 Habermas, o sujeito pós--moderno e os reflexos na sociedade contemporânea

O sujeito pós-moderno, homens e mulheres, vive em um ambiente de subjetividade e relativismo, no qual os valores éticos e morais são postos à prova e os interesses individuais se sobrepõem às necessidades da sociedade. Tendo em vista essa análise, a teologia propõe valores e princípios para que as pessoas possam viver de forma harmônica.

3.5.1 O sujeito pós-moderno

A teologia tem muito a contribuir com o sujeito pós-moderno, pois, com os pressupostos teológicos, ele passa a conhecer a si mesmo e também a conhecer o outro e, por fim, a Deus. O sujeito, na busca por si mesmo e tentando resolver seu relacionamento com o próximo, acaba se encontrando com Deus, que é o autor da vida e a origem de todo relacionamento.

Com essas bases e esses conceitos, precisamos fundamentar nossos pensamentos e dar a eles uma base teológica para uma formulação conceitual. Temos de pensar e apresentar um Deus relacional, um Deus bondoso e criativo, que deseja revelar-se para todos os que o buscam; um Deus pronto para dialogar e, de forma sobrenatural, revelar-se para aqueles que desejam conhecê-lo. As representações bíblicas a respeito de Deus trazem sinais, como a coluna de fogo durante a noite para guiar o povo no deserto, o trovão, o raio, situações de adoração, práticas comuns em que o nome de Deus nem precisaria ser pronunciado. Na sociedade contemporânea, essas práticas devem ser consideradas para apresentar um Deus que se deixa conhecer e para romper com as barreiras de afastamento, a fim de estarmos juntos daqueles que o buscam.

Nessa reflexão, devemos entender que a filosofia não apresenta respostas, mas apenas faz perguntas e aponta caminhos a serem seguidos. É nesse ponto que entram a teologia e a nova evangelização, para dialogar com diferentes frentes, além de manter o verdadeiro conteúdo da Bíblia Sagrada e a mensagem de Jesus para aqueles que desejam fazer parte do reino de Deus.

> *O avanço da razão ocidental moderna a partir do fio condutor da subjetividade foi encontrando caminhos de autonomia e emancipação do sujeito, tanto individual como coletivo, primeiro na secularização do conhecimento e logo após a moral, e mais tarde na política, para concluir a emancipação do conhecimento, da ética, da religião e de toda a exterioridade transcendente. As cinco fases de desenvolvimento avassalador da autonomia frente à heteronomia teocêntrica foram julgadas inoperantes e contrárias à condição humana emancipada. A suspeita de projeção narcisista do sujeito na suposta transcendência religiosa não tardou em neutralizar a força da religião como instituição de totalidade, com seu corpo doutrinal e seu código moral irrefutável e sua pretensão de absoluto segundo certa ideia de revelação.* (Álvarez, 2007, p. 7, tradução nossa)

O sujeito pós-moderno está inserido em um mundo novo, com novos conceitos, novos ideais e novos projetos sociais. Nesse contexto, é importante estar apoiado nos valores cristãos, que devem ser preservados. Logo, a nova roupa da pós-modernidade não vai tomar os espaços sólidos e bem fundamentados do cristianismo.

O sentido de nostalgia de Deus nasce no coração humano, no núcleo central da pessoa humana. Tanto a afetividade como a liberdade desempenham um papel relevante no conhecimento humano e na relação com Deus. O mistério, em sua essência, atinge o ser humano, que, impactado pela imensa graça de Deus, passa a se relacionar com o Deus criador dos céus e da terra. Sem renunciar ao que exige a razão para não cairmos em desvios fatais, devemos valorizar a experiência pessoal com Deus e estar sempre abertos para o mistério que tem sido revelado e o que ainda há de ser revelado.

3.5.2 A ética do sujeito pós-moderno

O esgotamento do idealismo alemão em relação à ética era óbvio para um grupo de pensadores animados pelas ideias excêntricas de um grande mestre neokantiano de Marburgo, e assim eles se dispuseram a buscar soluções para o enigma da imanência do sujeito. Cohen foi o pensador que conseguiu vislumbrar o ocaso da razão ocidental e anunciou seus pontos de vista sem deixar de compreender a si mesmo como filho da modernidade. Porém, em meio a um nacionalismo alemão, esse autor apontou a agenda filosófica que haveria de atender para sair da lógica da mesmidade e apontar avatares modernos.

Entre as diversas recepções de questionamento das fontes da filosofia, destacamos a proposta levinasiana, por seu caráter fenomenológico e rigoroso e por sua correlação com fontes hebraicas do pensamento anterior a Atenas. Levinas sobreviveu aos espasmos do Ocidente e retornou a um ambiente mais distendido da problemática da mesmidade de Atenas. O trauma do Holocausto está presente, sem dúvida, nas reflexões filosóficas, históricas e teológicas ocidentais, que assumiram a tarefa de reconstruir o estatuto cognitivo da fenomenologia depois do colapso do sujeito moderno. Desse modo, surgiu o sujeito pós-moderno, que vive com uma ética que lhe convém e a ética das conveniências.

Com essa verdade contida no pensamento moderno, torna-se claro que a encíclica pretende lembrar sua importância para o nosso tempo e que quer desenvolver nos homens a coragem para a verdade. O Vaticano nos remete ao seguinte pensamento: "A interpretação desta Palavra [de Deus] não pode remeter-nos apenas de uma interpretação para outra, sem nunca nos fazer chegar a uma afirmação absolutamente verdadeira" (João Paulo II, 1998). O ser humano não está preso na sala de espelhos das interpretações, ele pode e deve procurar a saída para a própria realidade.

O ser humano que já não consegue reconhecer nos outros a natureza comum, para além de todas as fronteiras, perdeu sua identidade. Fica em perigo em sua própria humanidade. Por isso, a questão da verdade – da filosofia em seu sentido clássico e originário – não é um entretenimento das culturas de bem-estar que se podem permitir esse luxo; é antes uma questão fundamental do homem, de ser ou não ser.

Cavalcanti (1997) afirma que o sujeito tem a ética que lhe convém. Não deve ser assim. A fundamentação teórica da ética deve ser o cristianismo, e uma afirmação como essa no mundo pós-moderno afronta, pode se passar por arbitrária e fundamentalista. Por outro lado, os cristãos sabem que o cristianismo humaniza o homem e que os valores éticos cristãos mantêm a sociedade em ordem e equilibrada. O cristianismo não propõe guerras, não incentiva a conquista da terra a qualquer preço; um de seus eixos principais é o amor a Deus, ao próximo e a si mesmo. Logo, podemos prever uma sociedade ordeira na qual um sujeito se preocupa de forma ética e responsável pelo bem-estar do outro.

3.5.3 O modo de vida do sujeito em tempos pós-modernos

Habermas propõe que se entenda a sociedade simultaneamente como sistema e como modo da vida.

Se entendermos o conceito de modo da vida como complementar ao de ação comunicativa, veremos que o autor se preocupa em colocar o mundo da vida em três mundos: objetivo, social e subjetivo. Nesse sentido, o sujeito relaciona-se com um mundo objetivo (espaço físico, biológico e ambiental); com um mundo social compartilhado por todos os membros de um coletivo (normas, organizações, formas de interação); e com um mundo subjetivo (personalidade, aspecto psicológico).

Quando a ideia de Deus se dissimula e se torna um pensamento humano, apenas a religião, portadora da ideia de Deus, volta ao conceito de uma sociedade secularizada, que tenta organizar a vida dos homens desligada de seu referencial divino. A sociedade se transforma finalmente na resposta que cada um dá à sua relação com a verdade e com outro. Dessa forma, a ação sobrenatural de Deus se humaniza, com o ser humano tentando explicar Deus, a fé, e substituir o amor legítimo por uma relação de interesses e disputas.

Para Habermas (1989), nessa dimensão da prática social prevalece uma ação comunicativa, isto é, "uma interação simbolicamente mediada".

Podemos concluir que resta à filosofia e à teologia o mundo da vida, ou seja, restituir a linguagem do cotidiano nas práticas que nos escaparem:

> *Esta ausência da escritura divina, isto é, em primeiro lugar do Deus judeu que uma vez ou outra escreve ele próprio, não define apenas e vagamente alguma coisa como a modernidade. Enquanto ausência e obsessão do sinal divino, comanda toda a estética e crítica modernas.*
> (Habermas, 2012, p. 232)
>
> *Mas não será a ausência do Deus judeu a presença do ser humano? Não será aí o caminho para uma renovada alteridade? Ser humano ao lidar com traços cada vez mais danificados de sua produção pessoal. É importante ressaltar esse complexo momento da decisão, devendo-se a todo aquele que por ali se aventurar decifrar a maneira como vivem os sujeitos, usar o que se tem à mão para dar conta de algo que foge por vezes de nós mesmos. A realidade social também deve ser analisada, pois invade a relação do mundo com o instante de criação. A escritura puída se*

levanta com ímpeto para a produção de uma subjetividade transcendental. (Habermas, 2012, p. 235)

O indivíduo deve reconhecer em sua formação a importância do tempo de vida. A filosofia analítica anglo-saxônica não é suficiente para explicar a formação subjetiva do sujeito, da compreensão interior, e a importância do diálogo. Por sua vez, a hermenêutica limitou a voz dos atores sociais, chegando a conclusões diferentes na análise antropológica segundo Derrida.

Habermas concorda com Derrida a respeito dessa diferenciação homófona que produz a alteridade do indivíduo e aponta para um novo entendimento do sentido, com a limitação do desejo e da vontade do ser humano. Há um desejo de se tornar pública a presença do sujeito, já que o indivíduo não existe em um vazio social. Sua forma de vida consolida sua autenticidade, e nesse sentido a teoria da ação comunicativa se propõe a ajudar.

Síntese

Neste capítulo, vimos que a subjetividade pós-moderna pressupõe o modo de vida do indivíduo, que deriva do mundo da vida, no qual a alteridade do sujeito deve ser levada em conta, sem anular sua autonomia.

No mundo pós-moderno, o sujeito age e interage com o outro de acordo com o mundo da vida. O sujeito pós-moderno cristão vive a subjetividade do mundo da vida atual. Suas escolhas são únicas e legítimas e cabe a ele arcar com as consequências de seus atos.

Pensando a Igreja nesse contexto, compreendemos que o discurso missionário que deve ser feito pelas religiões não cristãs será o mesmo empregado contra o humanismo secularizado. A revelação de Deus não vem do debate intelectual, mas de uma experiência transcendente, a ação sobrenatural de Deus a favor do ser humano.

As religiões precisam enfrentar a realidade de que foram motivo de várias divisões na sociedade ao longo da história. Muitas vezes ocorreram guerras sangrentas, e as religiões se envolveram em causas políticas e econômicas dos povos aos quais estavam ligadas. No cenário atual, as Igrejas cristãs devem tomar a iniciativa da reconciliação e apresentar a mensagem do perdão de Deus para o mundo.

Indicações culturais

ADEUS, Lenin! Direção: Wolfgang Becker. Produção: Stefan Arndt. Alemanha: Sony Pictures. 2003. 121 min.

Esse filme narra a história de uma família que entra em um novo mundo após a queda do Muro de Berlim e o avanço do capitalismo na antiga Alemanha Oriental. Discute questões relacionadas a consumo, trabalho e novos padrões culturais surgidos com a globalização, no contexto da vida de uma mulher que ficou em coma durante muitos anos.

Atividades de autoavaliação

1. Qual teoria o filósofo Jürgen Habermas desenvolveu?
    a) Teoria do conhecimento.
    b) Teoria da cultura.
    c) Teoria da ação comunicativa.
    d) Teoria econômica.
    e) Teoria das formas.

2. Sobre as características do mundo pós-moderno, analise as afirmativas a seguir:

   I) No mundo pós-moderno, com suas descobertas e o avanço da tecnologia, surgem novos desafios que precisam ser enfrentados à luz da globalização.

   II) A vida social atual tem estruturas estáveis e valores morais fortalecidos no pós-guerra.

   III) As instâncias políticas têm se enfraquecido, e os fatores econômicos têm sido afetados por um consumismo desequilibrado.

   Agora, assinale a alternativa que indica a(s) afirmativa(s) correta(s):

   a) I.
   b) I e II.
   c) I e III.
   d) II e III.
   e) I, II e III.

3. Sobre a teoria da ação comunicativa, marque V para as afirmativas verdadeiras e F para as falsas:

   ( ) Tem contribuído para várias análises comportamentais e sociais.

   ( ) Aponta caminhos para que a comunicação alcance seus objetivos no que diz respeito ao trato da pessoa humana sob aspectos sociais, culturais e pessoais.

   ( ) Para Habermas, existe uma relação direta entre a ação comunicativa e o modo de vida, já que este produz as estruturas representativas para a outra, para a cultura, para a sociedade e para a pessoa.

( ) A ação comunicativa serve para influenciar o saber cultural, coordenando a ação e a integração social e, por fim, contribuindo para a formação da personalidade dos indivíduos.

( ) Nos dias atuais, a comunicação não pode ser intuitiva, mas baseada em princípios que devem visar ao bem da sociedade. Não se deve propagar a maldade nem usar as ferramentas de comunicação com intenções dúbias.

Agora, assinale a alternativa que indica a sequência correta:

a) V, V, V, V, V.

b) V, V, V, V, F.

c) V, F, V, V, F.

d) V, V, V, F, F.

e) V, V, F, V, V.

4. Relacione os termos a seguir às respectivas definições:

I) Cultura

II) Sociedade

III) Pessoa

( ) É a categoria que se interpreta pelas suas competências, que levam o indivíduo a falar, agir e compor a própria personalidade.

( ) Diz respeito aos setores e às ordens que alcançam a legitimidade. Seus participantes se ajustam de forma que a alteridade prevaleça.

( ) É compreendida como o depósito do conhecimento no qual os atores se abastecem de interpretações e quando buscam uma compreensão mais acurada sobre determinados assuntos.

Agora, assinale a alternativa que indica a sequência correta:

a) I, III, II.
b) II, III, I.
c) III, I, II.
d) I, II, III.
e) III, II, I.

5. Leia o excerto a seguir:

A sociedade pluralista se orienta por uma ampla gama de sentidos e de orientações para que o indivíduo possa construir sua biografia sem enquadrá-lo como no passado em que havia apenas uma única visão aceita e imposta pela sociedade. A sociedade contemporânea precisa entender que sua mensagem não é a única. O cristianismo precisa entender que as sociedades exercem suas escolhas religiosas principalmente a partir de várias variáveis, não apenas os valores cristãos. (Miranda, 2011, p. 13-14)

Com base em seus estudos e na citação anterior, assinale a assertiva correta no que diz respeito ao sujeito pós-moderno:

a) O sujeito pós-moderno está inserido em um mundo novo, com novos conceitos, novos ideais e novos projetos sociais, e é importante estar apoiado nos valores cristãos.

b) O sujeito pós-moderno tem uma ética baseada em valores e princípios cristãos.

c) A nova roupa da pós-modernidade tomará todos os espaços, mesmo aqueles que estão bem fundamentados no cristianismo.

d) O sujeito pós-moderno cristão não tem uma subjetividade determinada pela sociedade; antes vive diversas subjetividades legitimadas pelas suas escolhas.
e) Na atualidade, não há o que a Igreja possa fazer quanto às missões.

Atividades de aprendizagem

Questões para reflexão

1. A pós-modernidade é realmente desafiadora para o cristão e o cristianismo? Justifique sua resposta.

2. Cite três desafios que a Igreja contemporânea necessita enfrentar e como poderá realizar esse enfrentamento de modo criativo sem perder a dimensão dos ensinamentos bíblicos.

Atividades aplicadas: prática

1. Pesquise sobre a Escola de Frankfurt e a teoria crítica da sociedade. Como os conceitos defendidos por essa vertente nos ajudam a compreender o mundo pós-moderno?

2. Faça um quadro com as ideias que cada pesquisador da Escola de Frankfurt defende.

capítulo quatro

A sociedade contemporânea influenciada pelo sistema de comunicação

Vivemos em uma sociedade na qual as imagens e as informações transitam nos ambientes digitais e os grandes conglomerados de comunicação têm se desenvolvido de forma astronômica. Para o cidadão, apresenta-se o desafio da veracidade das informações, do caráter ético e verdadeiro da mensagem recebida.

Neste capítulo, vamos tratar dessa realidade, buscando apresentar fundamentos teóricos e críticos para que se possa fazer uma análise mais acurada das informações e também para que a vida seja mais verdadeira no ambiente da sociedade.

4.1 O poder da mídia na sociedade

Apesar de as instituições de difusão terem se desenvolvido de forma rápida nos países da África, da Ásia e da América Latina, a difusão dos equipamentos de recepção caminhou lentamente. A amplitude de aparelhos de rádio e televisão nessas regiões era muito menor do que nas sociedades industriais da Europa. Em 1975, havia 68 rádios e 6 televisores por 1.000 habitantes na Ásia. No mesmo ano, eram 1.813 rádios e 530 televisores por 1.000 habitantes nos Estados Unidos e 700 rádios e 530 televisores por 1.000 habitantes na Inglaterra (Tripp, 1986, p. 6). Conforme Castells (2000, p. 376),

a televisão, os jornais e o rádio funcionam como um sistema integrado, em que os jornais relatam o evento e elaboram análises, a televisão o digere e divulga ao grande público, e o rádio oferece a oportunidade de participação do cidadão, além de abrir espaço a debates político-partidários direcionados sobre as questões levantadas pela televisão.

A indústria da mídia está passando por mudanças que estão causando impacto em seus produtos e nos modos de produção e difusão (Carvalho; Martins; Velozo, 1997). A produção da mídia nas sociedades ocidentais é organizada de forma comercial e opera em um mercado competitivo, sujeito a pressões financeiras e a incentivos de governos. Dessa maneira, essa indústria se torna dependente dos diferentes programas desenvolvidos por esses grupos de interesse e também é afetada pelo alto preço das novas tecnologias de comunicação.

Como dissemos, os órgãos da mídia são empresas capitalistas de comunicação, que, dessa forma, objetivam o lucro (em pouquíssimos casos há órgãos estatais ou públicos). Seu papel mercantil é, contudo, distinto

> *das empresas de outros segmentos empresariais, pois, não bastasse o poder de modelar a opinião, sua mercadoria – a notícia – está sujeita a variáveis mais complexas e sutis do que as existentes nos bens e serviços comuns. Isso porque sua atuação implica um equilíbrio instável entre: formar opinião; receber influências de seus consumidores e sobretudo de toda a gama de anunciantes; relacionar-se com o Estado (renegociações de dívidas tributárias e previdenciárias, isenções, empréstimos, além de questões regulatórias, entre outras); e auferir lucro.* (Melo, 1994, citado por Fonseca, 2011, p. 46)

O sistema de informação é neutro por si próprio e deve ser analisado com base em uma série de variáveis para entendermos os conceitos de notícia, fontes, testemunhas e processo de produção da notícia, que é muito complexo. Comparando-se as diversas possibilidades e os interesses relacionados com a mensagem, sejam eles políticos, econômicos, sociais e dos proprietários dos veículos de comunicação, que são diversos, os diferentes aspectos de uma notícia são apresentados para a opinião pública, que fica à deriva, sem saber em quem confiar. As fontes das notícias são duvidosas e atendem a interesses diversos. Nesse cenário, uma forma de referendar a veracidade das informações é ter por base os princípios da ética, da honestidade, da verdade e da justiça. Também podemos analisar se a informação contribui de alguma forma para a boa moral, para os códigos de ética, que indicam: não mentir, não roubar, não caluniar, além da moral como amor e paz entre todas as pessoas da sociedade.

A notícia gera ação, produz processos reacionários como qualquer outra mercadoria, transformando-se em valores tangíveis ou serviços (Marcondes Filho, 1984). As notícias como serviço e mercadoria têm um destaque pelo fato de sua veiculação potencialmente causar danos ou benefícios para pessoas, instituições, grupos sociais. De maneira geral, as sociedades são impactadas pela notícia, que tem a capacidade de gerar imagens na mente dos indivíduos, as quais se transformam em ações e em diferentes versões dos acontecimentos, que podem variar segundo a forma de noticiar ou o entendimento dos indivíduos.

Os computadores (Diana, 2022) criaram possibilidades de transmissão, armazenamento e acesso à informação. Esse desenvolvimento integra a indústria da mídia aos diferentes interesses de uma sociedade.

As atividades dos conglomerados de comunicação (Vicente, 2009) geralmente são colocadas em evidência em virtude da atenção concedida a seus proprietários e sócios, às vezes excêntricos, que procuram estar sempre em evidência. Esses atores sociais têm sede de poder e querem influenciar todos os segmentos da sociedade – na política, no Judiciário, nas finanças mundiais e nos ambientes religiosos. De certa forma, pretendem que o mundo siga suas orientações e que as coisas se encaminhem de acordo com seus pensamentos megalomaníacos.

> *À crise de legitimidade do Estado-Nação acrescenta-se a falta de credibilidade do sistema político, fundamentado na concorrência aberta entre partidos. Capturado na arena da mídia, reduzido a lideranças personalizadas, dependente de sofisticados recursos de manipulação tecnológica, induzido a práticas ilícitas para obtenção de fundos de campanha, conduzido pela política do escândalo, o sistema partidário vem perdendo seu apelo e confiabilidade e, para todos os efeitos, é considerado um resquício burocrático destituído da fé pública.* (Castells, 2000, p. 402)

Uma característica das indústrias da mídia moderna é a crescente globalização de suas atividades. Nesse mundo sem fronteiras, um grupo internacional com sede na Europa exerce influência na

África, enquanto outro grupo poderoso nos Estados Unidos tem plenos poderes de influência na América Latina, por exemplo.

Surge, portanto, um sistema global de informações e influência. As indústrias da mídia são parte de conglomerados de informações que fazem acontecer um processo de transnacionalização.

Um segundo aspecto da indústria midiática (Pedroso; Coutinho; Santi, 2011) refere-se ao crescente papel das exportações e da produção de bens de comunicação para o mercado internacional. As vendas para os países pobres, a influência filosófica dos países ricos, o trabalho nas fábricas, a geração de renda, a venda de séries televisivas etc., tudo isso gera serviço, transporte, produção em massa e, acima de tudo, influência. São poucos que pensam para muitos. O conceito de globalização é desenvolvido para que o de interesse de poucos prevaleça sobre muitos.

Outro aspecto da globalização provém do desenvolvimento das tecnologias que facilitam a difusão e a comunicação transnacional. Materiais impressos e produtos variados são transportados para os diversos países do mundo. As tecnologias dos satélites transmitem informações para o mundo todo.

Desse modo, vivemos em um mundo sem fronteiras. Nada impede o avanço da comunicação. Com um sistema de satélites, basta enviar uma comunicação que o cidadão terá acesso a ela e poderá ser influenciado em suas escolhas.

Esse fenômeno também acontece no ambiente da religião[1], que sofre tanto pelos aspectos positivos da comunicação quanto pelos negativos. Devemos usar essas ferramentas para que valores e princípios cristãos sejam propagados por todo o mundo.

Em poucos setores o poder se consolidou de forma tão impactante quanto no setor da informação e das comunicações. O rápido desenvolvimento das tecnologias levou à coexistência na mesma plataforma de diferentes tipos de conteúdo (notícia, análise, opinião, anúncio, propaganda, influência) de diversos segmentos.

Os meios de comunicação, que antes estavam separados, agora estão convergindo. Os jornais impressos produzem imagens para suas páginas na internet, e os canais de televisão produzem imagens que serão apresentadas via *sites*, que são uma extensão do canal de TV. As sociedades, que antes sofriam influência de seus redutos e suas paróquias, agora produzem apresentações para televisão e internet no mesmo nível de outros meios de comunicação. Celulares e *tablets* tornaram-se veículos para informar, entreter, comunicar e influenciar (Hernandes, 2010).

---

[1] "A interação entre mídia e religião está se tornando mais óbvia já que tanto as mídias quanto a religião têm experimentado mudanças significativas nos anos recentes. Há tendências nas mídias, na tecnologia e na economia, que resultam em um ambiente cada vez mais diverso, descentralizado e de múltiplos canais. E cada vez mais canais emergem na mídia tradicional e na digital, esferas online e de mídias sociais, um crescente mercado por uma variedade de conteúdos tem sido desenvolvido, diminuindo significativamente o que eram barreiras de entrada pela religião. As mídias operam cada vez mais como um mercado, e como há mais e mais demanda por religião e espiritualidade, o suprimento das mídias tem aumentado. Entre outras coisas, esse aumento no suprimento de religião mediada significa que a religião e a espiritualidade estão cada vez mais disponíveis fora das fronteiras das 'religiões' formais, uma situação que tem implicações que mudam tudo para essas instituições. (Hoover, 2014, p. 48-49).

Os cidadãos da sociedade moderna têm visto seus jornais se transformarem em uma apresentação visual e interativa, em que cada indivíduo tem a oportunidade de participar e opinar a respeito dos temas em questão. Os espectadores agora podem escolher sua fonte de informação, seja religiosa, seja para compras e negócios, *on demand* e pela internet.

Os ouvintes de rádio e TV podem acessar via internet sua estação favorita e escolher o tipo de programa que querem ouvir, o atual ou o que já foi transmitido dias atrás. O Google fornece todo tipo de informação, e as redes sociais, como Twitter e Facebook, sugestionam o que se deve ler e ouvir (Bagdikian, 1993).

As repercussões sobre essa transformação radical e tecnológica na sociedade ainda não podem ser compreendidas com exatidão. Surgem diversos questionamentos: Qual é o poder na mídia? Em que direção está caminhando? Como esse poder vai se consolidar por meio dos recursos tecnológicos de que o cidadão dispõe? Como as sociedades ou as instituições religiosas vão reagir a esse desenvolvimento? (Bucci, 1996).

É evidente que um pequeno número de grandes empresas, sociedades e instituições controla uma parcela grande da mídia global. Outro fator a ser considerado são as redes sociais, como já mencionamos. Com elas, a experiência de consumo e divulgação via internet expandiu o leque de opções. Essa indústria de mídia tem como marca principal a volatilidade, e isso se aplica às ações das sociedades. Assim, as sociedades que desenvolvem estratégias conservadoras de ação terão um alcance limitado para suas ações (Castells, 2003).

A mídia, com sua capacidade de apelar para a curiosidade e o sistema de crenças, faz com que seu poder resida tanto na autoridade (de quem escreve e suas fontes) quanto na influência (sobre o ponto de vista e as decisões). No modo de ver das pessoas, existe uma sociedade de referência, um comunicador de referência, uma revista de referência, um ponto de vista emitido de alguma fonte midiática que servirá como ponto de partida para algum posicionamento de valor. Um novo questionamento surge: Qual sociedade ou instituição religiosa é digna de credibilidade?

Uma sutil hierarquia posiciona certos veículos à frente de outros quanto à credibilidade e ao prestígio. Poucos aspectos ou funções são atualmente exclusivos de um tipo de organização midiática. Notícias, opinião, entretenimento são ações legítimas, e veículos impressos e de áudio e vídeo estão interagindo cada vez mais com seus públicos. A facilidade de acesso acaba incentivando o cidadão a participar. O setor está ficando cada vez mais comercial e com mais entretenimento, levando as instituições religiosas para o mesmo caminho.

O acesso digital já faz parte das grandes sociedades, e as ações de comunicação passam pela mídia impressa, falada e escrita, com base nas mesmas regras das redes sociais. Se a mídia é um setor que experimenta um estado tão intenso de movimentação contínua e revolução tecnológica, são inevitáveis a ascensão e a importância cada vez maiores de todo tipo de participante. Desse modo, alcança-se um número cada vez maior de pessoas.

A crescente popularização dos aparelhos tecnológicos (*tablets*, celulares, microcomputadores) provocou um aumento do consumo de notícias, mas também uma corrida em busca da qualidade da notícia e de novidades. Se há um setor no qual a transformação do poder está acontecendo diariamente, esse é o dos meios de comunicação.

Sociedades, sindicatos, organizações filantrópicas e midiáticas apresentam uma nova configuração. Existe hoje uma crescente competição global entre as organizações cristãs para atrair profissionais competentes em suas áreas de atuação, para ajudar a expandir a marca e sua ação.

As sociedades se tornaram um empreendimento mais global do que nacional, com colaboradores distribuídos em diversos países; novas regras de intercâmbio de dados e de conhecimentos são desenvolvidas a cada dia. Vive-se a revolução "do mais", pois esta é uma sociedade insatisfeita, sempre querendo mais, desejando possuir mais, aprender mais, ter mais poder (Jameson, 2001).

Também podemos destacar a revolução da mobilidade; o ser humano tem alcançado um estágio de mobilidade jamais visto em sua história. Vivemos em um mundo sem fronteiras, e as distâncias são vencidas com maior velocidade. Em poucas horas, uma pessoa que está em São Paulo chega a Paris. Com essa mesma rapidez, as informações são trocadas entre as pessoas. No mundo globalizado, um cidadão do Nepal conversa com um canadense e troca imagens com alguém que vive na África do Sul. O mesmo ocorre com os sistemas de poder, que hoje funcionam de uma forma e amanhã serão apresentados de maneira totalmente diferente.

Além disso, há uma revolução da mentalidade. O ensino e o aprendizado são virtuais. Ninguém detém o segredo do conhecimento, todos têm acesso ao saber. As crianças têm uma gama maior de informação do que os gênios do passado. Os cidadãos têm uma mentalidade de vanguarda e moderna, portanto os conceitos devem ser bem fundamentados; o saber está no ar, e todos podem tomar conhecimento de tudo o que é possível a qualquer momento.

Essa dinâmica existencial, essa realidade de vida aplica-se ao poder e, por sua vez, chega às instituições religiosas. As sociedades vivem sob uma nova realidade de poder no mundo contemporâneo. O poder tem sido mais fácil de se obter, mais complicado para se usar e mais difícil de se sustentar.

Na religião, na mídia e na filantropia, as disputas são intensas. Vivemos um tempo de guerras religiosas e disputas sem fim com o objetivo de alcançar almas, corações e cérebros. Há não só a intervenção de novas forças, mas também a polarização, que está separando as sociedades em vários níveis. Temos mais opções do que nunca e, ao mesmo tempo, o domínio e o poder estão nas mãos de poucos. Na sociedade é fácil identificar os poderosos porque são minoria e os fracos e oprimidos são inúmeros.

Com base nessas considerações, o que acontece com a compreensão quando ela se estilhaça em um milhão de pedaços? Quando a busca do bem comum descamba para projetos desenhados para promover determinadas causas, preferidas por pessoas que têm o dinheiro para financiá-las? Quando os cidadãos ignoram as notícias que afetam a todos para se interessarem por aquelas que lhes são convincentes? Será que as novas opções de poder favorecem o ser humano ou tudo se transforma em ações de poucos que usufruem as vantagens sobre muitos?

O ambiente das redes virtuais é tão invasivo que não é possível fazer uma separação entre o modo de vida cotidiano e o que acontece no ambiente virtual. Alguns chegam a afirmar que os fatos não identificados pela mídia não aconteceram na verdade; cabe à mídia atestar ou confirmar determinadas situações. Uma simbiose acontece sem normas e conceitos definidos para explicar esse entrelaçamento.

....

"Trata-se tão somente de poder, é claro. No fim. O poder que a mídia tem de estabelecer uma agenda. O poder que ela tem de destruir alguém. O poder que tem de influenciar e mudar o processo político. O poder de capacitar, animar. O poder de enganar. O poder de mudar o equilíbrio de forças: entre Estado e cidadão; entre país e país; entre produtor e consumidor. E o poder que lhe é negado:

pelo Estado, pelo mercado e pela audiência, cidadão, consumidor opositores ou resistentes. [...] Trata-se do poder da mídia de criar e sustentar significados; de persuadir, endossar, reforçar. O poder de minar e reassegurar. Trata-se de alcance. E de representação: a habilidade de apresentar, revelar, explicar; assim como a habilidade de conceder acesso e participação. Trata-se do poder de escutar e do poder de falar e ser ouvido. Do poder de incitar e guiar reflexão e reflexividade. O poder de contar contos e articular lembranças." (Silverstone, 2002, p. 263)

As novas formas de comunicação ajudaram no desenvolvimento das sociedades, promovendo uma nova dinâmica para entender o cotidiano e o modo de vida das pessoas. As questões tecnológicas passaram a fazer parte de eixos políticos, culturais, sociais e econômicos. O novo modelo comunicação, bem como as criações intelectuais, passou por uma transformação significativa.

A informação começou a ser apresentada e até vendida de maneira diferenciada, principalmente no ambiente da grande rede de comunicação, a internet. Com os recursos das novas tecnologias e as plataformas digitais, percebemos um impacto nos relacionamentos humanos, já que as questões relacionadas ao tempo e ao espaço são analisadas de outra forma. O modo de entender e comunicar apresentado por essa nova sociedade tem uma configuração inovadora, baseada na Constituição Federal de 1988 e no Estado democrático de direito.

Nos últimos tempos, podemos verificar o avanço da tecnologia, e a comunicação tem se propagado de forma abrangente por meio de novas formas de contato, coordenação e intercâmbio entre atores sociais, tanto próximos quanto distantes, o que traz diferentes possibilidades de viagens, transmissão ampla e seletiva, vigilância, visualização e arquivamento do conhecimento (Stolow, 2014).

Temos a impressão de que, se não foi divulgado pela mídia, o fato não existe.

> *Hoje, o ambiente dos mass-media é tão invasivo que já não se consegue separar do círculo da vida quotidiana. A rede é um recurso do nosso tempo: uma fonte de conhecimentos e relações outrora impensáveis. Mas numerosos especialistas, a propósito das profundas transformações impressas pela tecnologia às lógicas da produção, circulação e fruição dos conteúdos, destacam também os riscos que ameaçam a busca e a partilha duma informação autêntica à escala global. Se é verdade que a internet constitui uma possibilidade extraordinária de acesso ao saber, verdade é também que se revelou como um dos locais mais expostos à desinformação e à distorção consciente e pilotada dos factos e relações interpessoais, a ponto de muitas vezes cair no descrédito.*
>
> *É necessário reconhecer que se, por um lado, as redes sociais servem para nos conectarmos melhor, fazendo-nos encontrar e ajudar uns aos outros, por outro, prestam-se também a um uso manipulador dos dados pessoais, visando obter vantagens no plano político ou económico, sem o devido respeito pela pessoa e seus direitos. As estatísticas relativas aos mais jovens revelam que um em cada quatro adolescentes está envolvido em episódios de* cyberbullying. (Mensagem..., 2019)

A influência do processo de comunicação nas redes e mídias sociais extrapola limites que existiam anteriormente entre a religião e a sociedade, instaurando uma nova e diferente cultura digital e religiosa. As fotografias do momento ou da situação apresentadas para os sujeitos trazem uma mensagem a respeito de Jesus de tal forma que a identificação acontece naturalmente. A imagem e a notícia exercem um efeito no modo de vida das pessoas como jamais vimos antes. Quando bem utilizados, esses recursos podem acarretar benefícios para aqueles que têm acesso às mensagens, e isso pode ser considerado uma conquista da religião.

Os algoritmos estão em toda parte, dominam o mercado de ações, compõem música, dirigem carros, escrevem artigos de notícias, preveem epidemias, estão nos diagnósticos médicos, na contratação de RH, na avaliação de crédito e em inúmeras outras atividades em distintos setores da economia e da sociedade. Algoritmo é um conjunto de instruções matemáticas, uma sequência de tarefas para alcançar um resultado esperado em tempo limitado. (Barbosa, 2019, p. 53)

A pós-verdade não é a mesma coisa que a mentira. A mentira existe desde o início dos tempos. O que a pós-verdade traz de novo é a indignação dando lugar à indiferença, e assim o cidadão acaba se acostumando com o inverossímil e o contraditório. Em tese, a verdade perde a força diante do debate público e passa a ser um valor entre outros, tornando-se relativa e negociável; a confiança nas instituições está em colapso, pois "todas as sociedades bem-sucedidas dependem de um grau relativamente alto de honestidade para preservar a ordem, defender a lei, punir os poderosos e gerar prosperidade" (D'Ancona, 2018, p. 40).

"Assim, as tecnologias, como mediadoras das relações, possibilitam a promoção e a inclusão social para um contingente maior da população, mesmo que isso ainda precise ser ampliado em termos quali e quantitativos. E a educação, amparada pelos suportes digitais, ocupa um papel fundamental neste cenário de desenvolvimento. Ela deve ser percebida como uma dimensão social, onde delineia um sujeito com autonomia, capaz de exercer uma reflexão crítica e com possibilidade de edificar seu conhecimento, criando mecanismos comunicativos capazes de divulgar e promover sua cultura.[...]

Podemos afirmar que estamos diante de uma nova realidade, uma nova postura, uma nova maneira de utilizar os recursos tecnoa lógicos a serviço da sociedade, promovendo a educação, inclusão e criando uma sociedade mais próxima de ser igualitária. E esse é o desafio que nos motiva, impulsiona e nos estimula." (Gobbi; Kerbauy, 2010, p. 19-20)

Alguns chegam a dizer que o Brasil foi para a era da pós-verdade sem passar pela verdade. A cultura da pós-verdade passa pelas extravagâncias políticas, pelo descrédito das instituições e pela descrença generalizada da população nestas. Nas sociedades ocidentais, o zelo com a verdade e as questões públicas é mediado pelos valores éticos.

A questão relacionada com a verdade é resultado dos postulados do Iluminismo. Com a internet, a autonomia e a liberdade do sujeito se tornaram fundamentais para que ele cumpra plenamente seu papel. Nas redes sociais, vemos pessoas publicando sua intimidade, notícias falsas e temas inverossímeis. Isso dá a sensação de que o espaço cibernético não tem controle, que acontece de tudo, dos pensamentos clássicos e acadêmicos aos absurdos sem fundamento comuns aos mortais. Nesse contexto, corremos o risco de não fazer bom uso dessa ferramenta de comunicação, e um bom exemplo disso são as notícias falsas, ou *fake news*.

As fake news, que agora agem contra a democracia em toda parte do planeta, não constituem uma espécie de mentira como as outras. Elas são uma nova modalidade de mentira com distinções muito bem-marcadas: 1. São uma falsificação de relato jornalístico ou de enunciado opinativo nos moldes dos artigos publicados em jornal. Portanto, as fake news são uma modalidade de mentira necessariamente pós-imprensa. 2. Provêm de fontes desconhecidas – sua origem é remota e inacessível. 3. Sua autoria é quase sempre forjada. Quando se valem de excertos de textos reais, descontextualizam os argumentos para produzir entendimentos falsos. 4. Têm – sempre – o propósito de lesar os direitos do público, levando-o a adotar decisões contrárias àquelas que tomaria se conhecesse a verdade dos fatos. As fake news tapeiam o leitor em diversas áreas: na política, na saúde pública, no mercado de consumo, na ciência (umas asseguram que a Terra é plana). 5. Dependem da existência das tecnologias digitais da internet – com big data, algoritmos dirigindo o fluxo de conteúdos nas redes sociais e o emprego da inteligência artificial. 6. Agem num volume, numa escala e numa velocidade sem precedentes na história. 7. Por fim, as notícias fraudulentas dão lucro (além de político, lucro econômico). Elas se converteram num negócio obscuro. (Barbosa, 2019, p. 41-42)

As notícias falsas e a religião estão em uma nova vertente conceitual no tocante às comunicações. Certas pessoas, às vezes não bem-intencionadas, detêm o poder da notícia e, assim, a mensagem ecoa nas redes sociais gerando desinformação, pautando o sujeito com mensagens distorcidas. Como uma forma de prevenção às notícias falsas, surgiu um grupo chamado de Paz e Esperança, composto por jornalistas protestantes, que criaram também outro grupo, o Coletivo Bereia.

Bereia é o nome de uma cidade grega localizada na região da Macedônia, citada no livro bíblico de Atos dos Apóstolos (17:1-13), no Novo Testamento. O texto registra um elogio aos judeus de Bereia, que atendiam às reuniões promovidas pelos cristãos, não apenas por sua abertura para ouvir os ensinamentos, mas pela disposição que tinham de examinar as escrituras diariamente, para identificar se o que Paulo e seus companheiros diziam estava correto.

Com situações políticas desestabilizadas em todo o mundo, as mídias sociais estão restaurando o significado do papel regulador da narrativa social. Destacam-se as violações das normas sociais, especialmente quando as instituições políticas se gabam de transparência, porque os segredos não são mais seguros. Contra os jornais que seguem as linhas do partido, as mídias sociais estão rompendo as normas de objetividade. O público mostra desconfiança da "veracidade" desse discurso polarizado e é seduzido pela estratégia de autenticidade. É estabelecida uma estreita relação de confiança com a comunidade, que agora constitui o público e visa envolvê-lo em debates, baseando-se no princípio da transparência. Assim, as mídias sociais contrapõem a ética da autenticidade à ética da objetividade.

As transformações decorrentes dessas atividades são inegáveis. A rápida propagação das ideias e a superficialidade dos temas chegam a provocar reações das mais diversas, propondo-se que a sociedade se ajuste a esse novo modo de vida, em que a cultura digital tem uma velocidade inexplicável e pode promover transformações e valores jamais vistos. Por isso a importância de analisarmos as consequências culturais e os valores religiosos decorrentes desse novo modo de vida, os quais se propagam por meio das pessoas cristãs e por outros instrumentos das redes sociais voltados ao segmento religioso.

Na complexidade deste cenário, pode ser útil voltar a refletir sobre a metáfora da rede, colocada inicialmente como fundamento da internet para ajudar a descobrir as suas potencialidades positivas. A figura da rede convida-nos a refletir sobre a multiplicidade de percursos e nós que, na falta de um centro, uma estrutura de tipo hierárquico, uma organização de tipo vertical, asseguram a sua consistência. A rede funciona graças à comparticipação de todos os elementos.

Reconduzida à dimensão antropológica, a metáfora da rede lembra outra figura densa de significados: a comunidade. Uma comunidade é tanto mais forte quando mais for coesa e solidária, animada por sentimentos de confiança e empenhada em objetivos compartilháveis.

Como rede solidária, a comunidade requer a escuta recíproca e o diálogo, baseado no uso responsável da linguagem. (Mensagem..., 2019)

É importante fazer uma análise a respeito da pós-verdade em tempos de *fake news*. Em 2016, o Dicionário Oxford escolheu *pós-verdade* como a palavra do ano, definindo-a como "uma situação em que as pessoas mais provavelmente aceitem um argumento baseado em suas emoções e crenças do que um argumento baseado em fatos" (Post-truth, 2022, tradução nossa).

George Orwell (2009) disse que os regimes não almejam o controle apenas das ações da sociedade, mas também do que pensam os cidadãos, dos pontos relacionados ao ideário coletivo e à consciência e opinião pública, seja pelos canais de informação, seja pelos instrumentos tecnológicos evidenciados pelos meios de comunicação em massa.

Hoje, as principais fontes de comunicação estão baseadas nas empresas privadas, nas quais prevalece o comércio. O Estado interfere com a compra de horários e espaços de comunicação. Desse modo, por conta dos interesses comerciais, podemos perceber como os meios de comunicação influenciam a opinião pública e passam a impor intenções e esquemas de entendimento que interferem na autonomia do indivíduo, limitando sua capacidade de julgar e agir de forma independente e com respeito aos valores da democracia.

Esse tema da informação e da influência assume um papel crucial, já que a informação é considerada fator preponderante para as relações humanas. O ideal é que a informação circule livremente e que o direito à comunicação aconteça de forma perceptível por todos os cidadãos.

O ambiente da comunicação e da informação, de forma geral, tem evoluído de maneira sistemática, resultando em um cenário novo e abrangente tanto na coleta de informações quanto na divulgação de mensagens que atendam aos objetivos honestos e verdadeiros da notícia. O cidadão tem o direito de ser bem-informado, e as instituições devem ser responsáveis ao cumprir esse papel. Faz parte da condição social e humana o compartilhamento de saberes, a fim de que mais pessoas sejam beneficiadas.

Em escala global, a comunicação tem sofrido o impacto dos arranjos comerciais e ideológicos, que podem restringir a participação popular, sufocada pelos interesses econômicos e políticos. Já temos base conceitual para afirmar que o direito à comunicação é um instrumento social de transformação para o cidadão e para a sociedade, por intermédio dos meios de comunicação de massa e dos instrumentos de informação, com suas devidas repercussões nos contextos imediatos.

Em tese, a democracia deve estar ao lado da informação e da pluralidade de ideias. Com esses pressupostos, a pessoa terá condições de construir sua identidade crítica e exercer a legítima cidadania, além de participar do debate sobre temas que gerem repercussão, o que tem impacto na qualidade de vida.

Em uma análise histórica a partir do fim da Segunda Guerra Mundial, podemos afirmar que o conhecimento se proliferou e que as pessoas passaram a obter informações em um ritmo antes não imaginado. As riquezas das sociedades e o poder se alastraram por vários cantos do mundo. O desenvolvimento tecnológico possibilitou uma interação entre pessoas jamais vista na história, e tanto a sociedade como o Estado foram impactados por essa mudança.Trata-se de um fenômeno que tem sido tema de pesquisa e alvo da curiosidade de técnicos de diversas áreas.

As inovações, juntamente com as descobertas da ciência, afetam diretamente a existência humana e os ambientes, como família, educação, produção industrial, compra e venda, religião e entretenimento. Esses setores são influenciados por novas formas de pensar promovidas pela tecnologia e seus derivados.

A tecnologia da informação compreende computadores, *softwares*, sistemas de redes que transmitem informações para os sujeitos sociais, uma mescla de comunicação e informática que promove novas formas de relacionamento e linguagem. O resultado que podemos ver é a influência midiática presente hoje na sociedade, com notícias e informações que geram valores, os quais estimulam determinadas posturas dos indivíduos para aproximação e posicionamento.

Nesse contexto, o fluxo informativo de vozes e novos discursos e a criatividade acontecem nos diversos ambientes da sociedade, e os indivíduos passam a usufruir uma vasta gama de informações. Portanto, começam a ver os fatos de uma nova perspectiva. Podemos afirmar que existe uma informação alternativa e outros posicionamentos interferindo na massa crítica da sociedade; não é apenas uma única voz que influencia o sujeito, são muitas vozes advindas de vários canais, que geram uma vasta gama de interpretações.

As redes sociais exercem um papel importante nesse sentido, pois não se limitam ao espaço físico, temporal e geográfico. Facebook, Instagram, Twitter e blogues são considerados espaços comunicativos nos quais os comunicadores podem expressar aspectos de sua personalidade ou de traços de sua identidade.

A sociedade da informação ou do conhecimento teve seu início com a expansão tecnológica dos instrumentos de comunicação, na metade do século XX. Nesse contexto, a internet trouxe a possibilidade de uma comunicação ampla e da produção de informações de maneira descentralizada.

Não podemos inibir essa realidade; o ambiente virtual é uma forma existencial de nosso tempo. Os recursos desse ambiente constituem uma fonte de informações jamais vista no transcurso da humanidade. As sociedades não se deram conta do poder do conhecimento disponível para o cidadão, que chega a ultrapassar os limites da compreensão humana, com o alcance e a abrangência das imagens e dos textos disponíveis na comunicação entre os seres humanos.

A constatação que fazemos é a seguinte: a grande rede se tornou uma possibilidade de acesso ao conhecimento geral, mas também se transformou em uma plataforma de exposição da privacidade. A voz dos absurdos ganhou espaço com os vários pontos de comunicação, as redes sociais e virtuais, como WhatsApp, Facebook, Instagram e Twitter, visto que todos têm a possibilidade de emitir opinião sobre tudo, até sobre o que não têm preparo para discutir.

As redes sociais mais usadas pelos brasileiros são: WhatsApp (91%), Facebook (86%), Instagram (60%), Messenger (59%), Twitter (28%), Skype (25%), Snapchat (18%), Pinterest (15%), Telegram (10%) e Tumblr (5%) (Junqueira, 2017).

Cabe destacar também o fato de que as redes sociais possibilitam a conexão entre os seres humanos e favorecem a ajuda mútua; por outro lado, em alguns momentos, é certo que promovem a manipulação e o controle dos dados daqueles conectados nos diferentes grupos.

4.2 A influência da mídia e a teoria do agendamento para a formação de opinião

A modernidade baseada na tecnologia se apresenta com força para influenciar o cidadão, os conceitos, e os princípios avançam com uma velocidade jamais vista, as opiniões e noticias transitam numa dinâmica de influência que às vezes o próprio cidadão não percebe que está sendo manipulado.

A partir da estrutura midiática se formulam narrativas que vão persuadindo a mente da pessoas e levando a comportamentos que são planejados e com vistas a atender os diferentes interesses financeiros dos grupos que estão promovendo.

Os diferentes segmentos, financeiros, políticos, religiosos, entre outros pautam a maneira de viver e entender o mundo contemporâneo, a forma de fazermos um contraponto para essas mazelas é traçar uma modo de vida pautado pela ética e pela justiça.

O cidadão moderno está suscetível às diversas influências da sociedade digital e aos diferentes artifícios da mídia. Por isso, precisamos entender a teoria do agendamento e sua forma de estimular e incentivar comportamentos.

O crescente modo de vida que prioriza o corpo e a forma de apresentação social é fruto das imagens midiáticas, e suas influências se aplicam aos diferentes meios de comunicação, como televisão, cinema e redes sociais. Entre os meios de comunicação que padronizam o comportamento de milhões, chamados de *meios de comunicação de massa*, o cinema é o mais antigo. A imprensa o antecedeu, mas, por exigir a alfabetização, não teve a influência característica de um meio de comunicação de massa no passado.

4.3 A sociedade e o sujeito midiático e suas implicações teológicas

Já faz um bom tempo que o ser humano vem perdendo a esperança do paraíso eterno, no qual se propõe uma felicidade permanente e inabalável. Essa perda de esperança começou no movimento iluminista, que fez um rompimento com a fé por meio das evidências da razão. Na modernidade, constatamos uma visão de mundo que considera a meritocracia.

A produção em massa e a lógica de consumo passaram a ditar as regras. Nesse sentido, o desenvolvimento econômico e social é pautado pelo aumento do consumo, que resulta em lucro ao comércio e às grandes empresas, gerando mais empregos e aumentando a renda, o que acarreta ainda mais consumo. Esses valores afetam o modo de vida das pessoas, e torna-se muito difícil viver de outra forma. Assim, cabe aos instruídos e dedicados que procuram outra forma de vida apresentar caminhos possíveis para que as pessoas não sejam manipuladas por esses valores que caracterizam a sociedade do espetáculo.

A religião monopolizava as vontades e ditava as regras para o modo de vida das pessoas. Seus argumentos eram construídos com base no sagrado e no conceito de um Deus que se faz presente em todas as esferas da vida humana, não havendo separação do modo de vida dos sujeitos. Esse controle era arbitrário e com consequências devastadoras caso não se obedecesse às regras estabelecidas. A religião exercia um terror sobre os indivíduos. Muitos perderam a vida por conta dessas práticas, e a força dominante das religiões da época foi avassaladora.

O tempo passou e a modernidade se consolidou com o surgimento do Iluminismo (século XVIII), do qual destacamos a tese da razão absoluta. Conforme essa tese, o ser humano cartesiano age com base no que está previsto, na exatidão dos fatos e na isenção do metafísico; ele não age e reage pelas emoções e pelos sentimentos. Seus atos são fundamentados em números, estatísticas e projeções.

Hall (2001) apresenta alguns argumentos a respeito das teorias sociais e sua relação com as ciências humanas, com o objetivo de analisar o ser humano cartesiano:

- As tradições e os pensamentos apresentados por Marx afirmam que os indivíduos fazem a história como consequência do modo de vida que lhes é possível. Esse tipo de pensamento foi bastante difundido no ambiente da intelectualidade.
- Os estudos de Freud, principalmente os relacionados com a identidade e a sexualidade humana, relacionam os desejos e sua formulação a processos mentais e simbólicos, uma lógica de pensamento bem diferente da expressa pelo ser humano racional apresentado por Descartes.

Hoje, temos uma nova realidade, um novo modo de vida e um novo sujeito, que vive em um ambiente virtual com normas e códigos jamais vistos. Portanto, precisamos de uma fundamentação teórica e conceitual que nos permita viver em harmonia em um ambiente cibernético no qual vale tudo e todos os indivíduos têm a oportunidade de se expressar.

4.3.1 O sujeito midiático na sociedade plural

A proclamação da fé sempre se dirige a homens e mulheres que estão vivendo determinada época histórica e em uma sociedade concreta, ou seja, leva-se em conta o momento histórico, social e cultural em que o indivíduo está vivendo.

Vivemos em uma sociedade que se apresenta de forma plural. Seus conceitos não são efêmeros, mas instáveis, e as coisas mudam com uma velocidade impressionante. Somos diversificados, participativos, secularizados. O sagrado foi vencido pelo secularismo; somos dominados por uma racionalidade científica e experimental.

O sistema econômico é muito forte, a ponto de influenciar o discurso cristão com as forças do mercado e o discurso do *marketing*.

Hoje, vemos o crescimento dos que se declaram sem religião, a indiferença de muitos fiéis com relação ao magistério eclesiástico, as religiões esotéricas, a religiosidade separada da instituição, apenas para citarmos algumas questões socioculturais do mundo contemporâneo.

O tema da pós-modernidade está em evidência:

As características da pós-modernidade podem ser resumidas em alguns pontos: propensão a se deixar dominar pela imaginação das mídias eletrônicas; colonização do seu universo pelos mercados (econômico, político, cultural e social); celebração do consumo como expressão pessoal; pluralidade cultural; polarização social devido aos distanciamentos acrescidos pelos rendimentos; falências das metanarrativas emancipadoras como aquelas propostas pela Revolução Francesa: liberdade, igualdade e fraternidade. (Cavalcante, 2022)

Os pós-modernos parecem marcar posições opostas ao que caracterizam como a linha modernista acerca da morte do sujeito, trabalhando em direção a novas teorias e práticas dos sujeitos na fala, na escrita e na ação. A constituição da subjetividade por códigos, textos, imagens e outros artefatos culturais vem sendo cada vez mais levantada como uma questão a ser enfrentada. Nessa base, a teologia deve se fazer presente com os eixos e fundamentos do cristianismo e, se os teólogos se eximirem dos valores do reino de Deus, serão tratados de forma relativa. A ética e a moral cristãs serão relegadas a segundo plano e, se não existir juízo de valor perante as ações do sujeito na sociedade, esta ficará à deriva, sem um referencial moral para seguir, no meio ou nas fronteiras desse debate. A nova evangelização, uma abordagem teológica contextualizada, uma ação fundamentada na teologia bíblica, apresenta conceitos bíblicos e princípios cristãos que devem ser seguidos por uma sociedade que transcende aos seus conceitos teóricos.

A nova evangelização deve usar a linguagem da misericórdia, feita de gestos e de atitudes. Devemos dialogar com todos. Nos dias atuais, podemos ver, muitas vezes, uma atitude de indiferença com a fé. Os cristãos, com seu testemunho de vida, devem questionar: Por que as pessoas vivem assim? O que as impulsiona? Precisamos de testemunhos credíveis que com a vida e também com a palavra, tornem visível o Evangelho, despertem a atração por Jesus Cristo, pela beleza de Deus. Devemos demonstrar a misericórdia de Deus, sua ternura por todas as criaturas. Sabemos que a crise da humanidade contemporânea não é superficial, mas profunda (Jonas, 2013).

O ser humano pós-moderno, com o passar do tempo, foi desconstruindo o sistema de crenças que era base para seu modo de vida. As referências culturais e religiosas e os assuntos relacionados a gênero, sexualidade, etnia, raça e nacionalidade, que anteriormente forneciam a base para a construção do sujeito, entraram em crise. Essas modificações estão provocando mudanças nos indivíduos em relação a suas identidades pessoais, religiosas, institucionais, desconstruindo a ideia que têm de si mesmos e dos outros.

Seguindo a análise dos desafios para o ser humano pós-moderno, podemos dizer que o materialismo, a cultura, a produção e o consumo de massa na pós-modernidade fornecem sinais para analisar e entender esse "novo sujeito religioso", que é ao mesmo tempo livre, determinista, ávido pelo prazer e que almeja ser livre de limitações, transitando de uma posição a outra com muita facilidade, porque é assim que ele pensa e age.

Na pós-modernidade, destaca-se o predomínio do individual sobre o coletivo. Diversos autores a descrevem como uma época de intensa diversidade de condutas e interesses, considerando o pano de fundo que leva ao esgotamento do impulso moderno para o futuro, com o desaparecimento das crenças e tendo como base os discursos e a lógica de consumo (Lyotard, 1986).

Não faz muito tempo que atordoamentos de larga escala na sociedade capitalista mudaram a face do mundo. Na segunda metade do século XIX, a Europa foi sacudida pelo mundo da indústria e da tecnologia, por meio do trabalho industrial e da urbanização. Esses aspectos provocaram enormes vertigens por força de profundas alterações nas formas de trabalho, na tecnologia, na produtividade, nas aglomerações humanas, nos meios de comunicação etc., o que abalou as estruturas sociais cristalizadas e varreu rotinas e referências estabelecidas. As mentes autoconfiantes chamavam tudo isso de *progresso*, conceito que refletia melhor o entusiasmo por essas realizações do que seus efeitos perversos. No debate sobre a pós-modernidade, certas concepções se destacam e podem ser tomadas como referência – a sociedade da imagem e a sociedade do conhecimento.

O sujeito moderno anteriormente tinha uma identidade unificada e estável e agora foi transformado em um indivíduo plural, com várias identidades, narcisista e preocupado com seu bem-estar, inserido em uma sociedade que exalta o consumo materialista como seu maior objetivo de vida. Esse sujeito anseia desesperadamente por satisfação pessoal e ainda busca uma peculiar ligação com o divino.

A religiosidade acontece no âmbito particular do sujeito e é caracterizada por uma forte emoção que surge na busca de respostas em uma sociedade fragmentada.

O discurso na sociedade midiática deve servir para realçar significados já estabelecidos, principalmente quando surge a sociedade de consumo. Parece-nos que os princípios permaneceram, porém as embalagens mudaram drasticamente. O ascetismo, que antes era pregado com veemência tanto no catolicismo quanto no protestantismo, deu lugar ao hedonismo. O mundo, que anteriormente era um local pecaminoso, agora deve ser usufruído em sua essência, e a ideia de pecado e desobediência a Deus foi substituída pelo conceito do prazer – cada indivíduo deve aproveitar ao máximo a vida, e a felicidade vai se configurar de acordo com as expectativas de cada um. O conflito entre o sagrado e o profano permanece desde a Antiguidade.

O discurso religioso pós-moderno tem características próprias:

- há uma busca de soluções imediatas para os problemas da vida;
- as soluções geralmente estão nas pessoas, e não no divino;
- as incertezas das propostas fazem com que o sujeito procure em diversas religiões as soluções para seus problemas;
- os indivíduos passam a dar mais valor para o prazer do que para a obediência a Deus;
- o futuro não deve ser levado em conta, já que a realidade é viver o presente, sem valorizar o passado;
- o que faz o sujeito feliz é o desenvolvimento de suas capacidades, algumas vezes sem levar em conta a ética e a moral.

Portanto, com a quantidade de informações a que o indivíduo tem acesso e o desenvolvimento das tecnologias relacionadas aos meios de comunicação, acaba-se por produzir cidadãos passivos, pessoas sem iniciativa, que vivem com a ideia de que o paraíso é o prazer passageiro de cada momento e as novidades de consumo se transformam na realização do céu na terra. Na vida pós-moderna, objetos, informação e relacionamentos são descartáveis, e os valores intrínsecos das coisas e das ações não são considerados como juízo de valor e não têm o senso de moralidade.

O cidadão pós-moderno vive uma "religião vazia", que se representa pelas exibições em massa em *shows*, peregrinações religiosas e turísticas, cultos televisivos etc. Tudo financiado por grandes redes de comunicação de massa e em um nítido processo competitivo entre as diversas esferas da sociedade.

4.4 A teologia e os processos midiáticos

A teologia não existe e acontece fora do seu tempo e contexto, as manifestações teológicas que ocorrem através das igrejas e das comunidades religiosas são legítimas e devem ser respeitas e passados pelo crivo teológico das escrituras sagradas.

No nosso tempo as igrejas denominadas neopentecostais são de grande expressão social, sendo a Universal do Reino de Deus, a Igreja mundial do poder de Deus, a Igreja Internacional da Graça de Deus e Renascer em Cristo as mais expressivas nessa categoria. No entanto, não se pode negar o aspecto multirreligioso e multicultural que se desenvolve no contexto latino-americano. Esses fenômenos devem ser analisados a partir da teologia bíblica e levar em conta o contexto que estão inseridas.

Novos tempos, novas realidades, nas quais deixamos de lado o rigor religioso, que apresentava um discurso de "não pode isso", "não é permitido aquilo" e um isolamento social que privava o cidadão de muitas coisas e apontava para uma postura espiritual que rompia com o modo de vida comum da sociedade. Nessa mudança, levam-se em conta a ascensão financeira e a saúde espiritual, relacionada com a saúde física, além do êxito nos projetos pessoais e profissionais. Ou seja, os novos religiosos estão focados na prosperidade e na saúde.

Na realidade contemporânea, cabe destacar, no contexto das sociedades neopentecostais, o surgimento do Instituto de Estudos da Religião (Iser), com base no Estado do Rio de Janeiro. Nesse ambiente, aparece uma nova forma de pensar e viver a religião; não são mais necessários o isolamento e a abstinência de tantas coisas para alcançar a felicidade religiosa.

Síntese

Neste capítulo, vimos que o sujeito midiático não está negando os valores e as tradições da fé cristã, e sim vestindo uma roupa nova baseada na realidade incontestável da fé cristã. Ou seja, o indivíduo não precisa negar a fé para viver no mundo contemporâneo, já que os recursos tecnológicos devem prover aspectos que permitam o fortalecimento da fé cristã e o compartilhamento dos valores de maneira mais eficaz com aqueles que também precisam de ajuda sobrenatural ou divina para resolverem seus problemas.

Toda essa nova estrutura social deve favorecer o cidadão em aspectos antes jamais imaginados: a velocidade na comunicação, a possibilidade de novos relacionamentos em qualquer lugar do mundo e a transposição das barreiras de tradições, de modo que os indivíduos podem seguir em sua trajetória.

Indicações culturais

EIS OS DELÍRIOS do mundo conectado. Direção: Werner Herzog. 2016. 98 min.

O documentário faz uma análise sobre os impactos da internet na sociedade contemporânea e busca compreender com mais profundidade os aspectos relativos aos limites da internet na vida diária e nos relacionamentos humanos.

Atividades de autoavaliação

1. Sobre a influência da mídia nos cidadãos, analise as afirmativas a seguir e marque V para as verdadeiras e F para as falsas:

( ) O cidadão pós-moderno está suscetível às diversas influências da sociedade digital e aos diversos artifícios da mídia.

( ) O consumismo exagerado criado pela mídia pretende alcançar principalmente jovens e adolescentes, para que se transformem em consumidores.

( ) A teoria do agendamento defende a ideia de que os consumidores de notícias tendem a considerar como os fatos mais importantes aqueles veiculados pela imprensa.

( ) O poder da mídia não chega a ser manipulativo. Ela expõe as notícias que julga importantes, e cabe ao público aceitar tais notícias sem questionamentos, pois sempre são relatadas as verdades sobre os fatos.

( ) A mídia se torna poderosa porque é detentora da notícia e, com esse conhecimento, chega ao cidadão, levando-o a pensar de acordo com seus interesses.

Agora, assinale a alternativa que indica a sequência correta:

a) F, V, F, V, V.
b) V, V, V, F, V.
c) V, V, V, F, F.
d) V, F, V, F, V.
e) F, V, V, V, F.

2. Leia as afirmativas a seguir e assinale as que apresentam as características do discurso religioso pós-moderno:

   I) A solução imediata para os problemas da vida geralmente está nas pessoas, e não no divino.

   II) As incertezas das propostas fazem com que o sujeito busque em diversas religiões soluções para seus problemas, e o que o faz feliz é o desenvolvimento de suas capacidades, às vezes se esquecendo da ética e da moral.

   III) Os indivíduos passam a dar mais valor para o prazer do que para a obediência a Deus. O futuro não deve ser levado em conta; a realidade é viver o presente, sem valorizar o passado.

   Está correto o que se afirma em:

   a) I apenas.
   b) II apenas.
   c) III apenas.
   d) I e II apenas.
   e) I, II e III.

3. Analise o trecho a seguir:

   O _____, que antes era pregado com veemência tanto no catolicismo quanto no protestantismo, deu lugar ao _____. Por isso, o mundo, anteriormente um local pecaminoso, agora deve ser usufruído em sua essência. A ideia de _____ e

_____ a Deus foi substituída pelo conceito do _____.
Assim, cada indivíduo deve aproveitar ao máximo a vida, e a felicidade vai se configurar de acordo com as expectativas de cada um.

Agora, marque a alternativa que completa corretamente as lacunas:

a) hedonismo – ascetismo – bem – obediência – encanto
b) pecado – hedonismo – ascetismo – desobediência – pluralismo
c) sagrado – profano – temor – sujeição – materialismo
d) ascetismo – hedonismo – pecado – desobediência – prazer
e) sagrado – profano – temor – respeito – altruísmo

4. Levando-se em conta a quantidade de informações a que o indivíduo tem acesso e o desenvolvimento das tecnologias de comunicação, quais são as consequências do pós-modernismo na geração atual?

   I) Produz cidadãos proativos, com iniciativa, que vivem embasados nos valores do reino de Deus.
   II) Na vida pós-moderna, objetos, informação e relacionamentos são descartáveis, e os valores intrínsecos das coisas e das ações não são considerados como juízo de valor. Não há senso de moralidade.
   III) O cidadão pós-moderno vive uma "religião vazia", que se representa pelas exibições em massa em *shows*, peregrinações religiosas e turísticas, cultos televisivos etc. na busca de experiências transcendentais para alimentar sua fé.

   Está(ão) correta(s) a(s) afirmativa(s):

   a) I.
   b) I e II.

A sociedade contemporânea influenciada pelo sistema de comunicação

c) I e III.
d) II e III.
e) I, II e III.

5. Leia o fragmento de texto a seguir:

> *"O que necessitamos, especialmente nestes tempos, são de testemunhos credíveis que com a vida e também com a palavra tornem visível o **Evangelho**, despertem a atração por **Jesus Cristo**, pela beleza de **Deus**"*
>
> *[...]*
>
> *É necessário que os cristãos "tornem visível aos homens de hoje a misericórdia de **Deus**, sua ternura por cada criatura. Sabemos que a crise da humanidade contemporânea não é superficial, mas profunda. Por isso, a nova evangelização, ao mesmo tempo em que convida a ter a coragem de ir contracorrente, chama a se converter dos ídolos para o único **Deus** verdadeiro, não pode mais do que usar a linguagem da misericórdia, feita de gestos e de atitudes, antes do que de palavras". Cada batizado é "um 'cristóforo', portador de **Cristo**, como diziam os antigos santos Padres. Quem encontrou a **Cristo**, como a **Samaritana** do poço, não pode guardar para si esta experiência... Todos devem se perguntar se aqueles com quem nos encontramos percebem em nossa vida o calor da fé, se veem em nosso rosto a alegria de ter encontrado a **Cristo**!".* (Jonas, 2013, grifo do original)

Com base nesse texto, quais são os princípios da nova evangelização para os novos tempos?

a) A evangelização precisa ocorrer de forma teórica, embasada em conceitos teológicos bíblicos, descontextualizada da prática diária.

b) Uma nova evangelização não é possível, visto que há somente uma forma plausível de se realizar a comunicação do Evangelho.

c) Deve-se fazer a evangelização pelos novos meios de comunicação, utilizando-se os recursos disponíveis, desvinculada da teologia bíblica.

d) A evangelização deve ser fundamentada na teologia bíblica, apresentando conceitos bíblicos e cristãos a serem seguidos por uma sociedade que transcende seus conceitos teóricos.

e) A evangelização deve empregar toda a arte da comunicação e todas as tecnologias disponíveis na atualidade, procurando sempre conduzir os ouvintes ao emocionalismo e às experiências místicas.

Atividades de aprendizagem

Questões para reflexão

1. Como podemos perceber a valorização das experiências religiosas pelo sujeito pós-moderno?

2. Quais atitudes um líder ou educador deve ter para estabelecer um diálogo aberto e confiante sobre Deus e religião com a atual geração?

Atividades aplicadas: prática

1. Pesquise as possibilidades que as redes sociais oferecem para a formação de novas comunidades de fé.

2. Entreviste dez pessoas que já assistiram a cultos televisivos ou on-line ou já participaram desse tipo de evento. Registre suas percepções sobre a própria espiritualidade nesses ambientes virtuais. Compare esses registros com os dados obtidos por meio de sua própria experiência religiosa nos ambientes remotos.

capítulo cinco

As perspectivas da sociedade no âmbito das teologias

A sociedade clama por teologia; as pessoas precisam de uma reflexão ética e moral sobre a vida e suas implicações. A teologia, por sua vez, clama por espaço para que possa anunciar que a verdade existe e que é possível viver uma vida plena à luz da verdade e da justiça para todos.

Tomando como base essa reflexão, neste capítulo, analisaremos os pressupostos teológicos na sociedade.

5.1 As ideologias no âmbito da comunicação religiosa

Todos temos uma ideologia para viver, e não se foge a essa regra no ambiente religioso. As tendências, as novas realidades, o ambiente tecnológico, tudo isso vai afetando as religiões, já que tais aspectos fazem parte do contexto social.

Quando se examina a literatura relativa aos conceitos de ideologia e as explicações dos fenômenos ideológicos, é difícil escapar do sentimento de que ela seja dominada por uma grande confusão. As definições do termo são muito variáveis de um autor para outro, e as explicações do fenômeno utilizam-se de princípios paradoxos. Tem-se a impressão de que a mesma palavra serve para uma descrição de uma variedade de fenômenos, e não de um fenômeno único, de que as teorias da ideologia se opõem entre si sobre um objeto que definem de maneira diferente uma da outra e de que o importante corpus *que constituem tem, com frequência, a aparência de um diálogo infundado.* (Raymond, 1989, p. 25)

Os teóricos apresentam diferentes enfoques a respeito do conceito de ideologia. Podemos definir *ideologia* como um conjunto de ideias ou pensamentos de uma pessoa ou de um grupo de indivíduos; pode estar relacionada a ações políticas, econômicas e sociais.

O conceito foi criado pelo filósofo francês Antoine Louis Claude Destutt de Tracy, que empregou o termo *ideologia* pela primeira vez em seu livro *Elementos de ideologia*, de 1801, para designar o "estudo científico das ideias". Ele adotou métodos e teorias das ciências naturais (física e biologia basicamente) para compreender a origem e a formação das ideias (razão, vontade, percepção, moral, entre outras), segundo a observação do indivíduo em interação com o meio ambiente (Eagleton, 1997).

O filósofo alemão Karl Marx associou o conceito aos sistemas teóricos (políticos, morais e sociais) criados pela classe social dominante. A ideologia democrática, por sua vez, surgiu em Atenas, na Grécia Antiga, e tem como ideal a participação dos cidadãos na vida política (Eagleton, 1997).

5.2 A formatação do pensamento ideológico com abordagens teológicas

Desde o princípio, o poder e a consciência acerca dele estabeleceram-se como alicerce da civilização. Foi a partir do desejo de dominar pela posse que o ser humano começou a se organizar e a conviver socialmente. Para sobreviver, o homem foi criando estruturas de poder. As diversas concepções do poder se definiram, então, quando as pessoas passaram a se valer de força e autoridade para viabilizar sua vontade. Sem fugir à regra, essa tendência foi transmitida para a religião.

Para melhor entendermos o poder sociedade, devemos fazer uso de uma leitura a respeito da ideologia e suas implicações. As ideologias estão no cerne da sociedade, e as bases conceituais e as formas de vida que são apresentadas como alternativas para os indivíduos passam pelo viés ideológico que cada pessoa resolve adotar em suas práticas de vida.

Na forma de vida de cada um, adota-se uma série de comportamentos e práticas culturais que são baseadas em conceitos estudados e propostos por diferentes ideologias, sendo assim não podemos analisar a sociedade com uma única lente ideológica, precisamos sim para cada aspectos usar uma lente adequada para entender e analisar certos aspectos que são apresentados como uma forma de vida adequada para o sujeito.

O cidadão deve entender a construção dos pensamentos, seja ele um formador de opinião ou não, para que possa identificar as origens dos conceitos e as questões envolvidas e relacionadas com as ideologias.

As análises ideológicas que são citadas por Mannheim consistem em demonstrar o que se afirma mas não está focada em analisar os conteúdos. Alega a opção de analisar a tese de que a gênese é o ponto de partida para sua verdade. Há, segundo ele, uma forma legítima do argumento que formaria parte das formulações da sociologia do conhecimento. (Rogers, 1986, p. 196)

Saber das origens das ideias é o trabalho do pesquisador. Para encontrar os fundamentos que permeiam os pensamentos desenvolvidos pela sociedade moderna, é preciso interagir com a sociedade e apresentar alternativas que venham a causar impacto e fazer a diferença.

No aspecto objetivo, pensar sobre ideologia é tentar diagnosticar um sistema de crenças ao qual determinada coletividade adere e cujos conceitos e propostas passam a ditar como esse grupo vive e decide, levando-se em conta os aspectos culturais dos sujeitos e sua capacidade de participar dos eventos e situações criadas.

A ideologia é inseparável do que é considerado conhecimento. Na maioria dos casos, o conceito de ideologia serve para distinguir o que é um verdadeiro conhecimento científico do social daquilo que não é.

É interessante notar que nisso se concebem visões tão desiguais como o marxismo estruturalista de Althusser e percepção cientificista de Bunge. O fato de reconhecer que as relações sociais se filtram no próprio processo de conhecimento é também o ponto de partida do trabalho de Mannheim e a motivação para convertê-lo em matérias de uma disciplina específica: sua sociologia de conhecimento. (Rogers, 1986, p. 189)

Vários sociólogos e filósofos trabalham com base em postulados construídos conforme determinadas ideologias. Na história, homens têm lutado por suas crenças e, com o passar dos anos, suas

As perspectivas da sociedade no âmbito das teologias

propostas são reconhecidas ou até apagadas com o desenrolar dos fatos. A ideologia sempre estará latente, a menos que haja explicitamente a distinção entre as afirmações que as pessoas fazem.

> Por outro lado, estará latente a boa prática científica dos que fazem as afirmações acerca do social. O vínculo entre a ideologia e o que se considera conhecimento é importante, não só pelo interesse de uma boa ciência, mas também pelos aspectos persuasivos de alguns enfoques da ideologia. Esta apela ao prestígio de conhecimento científico para dar força aos aspectos normativos de seu conteúdo. Isso afeta especialmente ao marxismo, quando é o fundamento de uma organização política. Nesse caso, persiste igualmente a dificuldade de estabelecer o que é conhecimento científico legítimo e o que não é. (Rogers, 1986, p. 193)

As ideologias religiosas são construídas com conceitos próprios. No que diz respeito à religião, o sobrenatural será sempre considerado. O mistério faz parte da religião assim como o ar faz parte da vida. Com o mistério, o mágico é desenvolvido, e o ser humano passa a se envolver nessa dinâmica, em que o oculto se destaca e o sobrenatural passa a ser o principal fundamento da ideologia religiosa.

Nesse contexto, os aspectos da religiosidade precisam ser exercidos de forma coerente.

> São estes os principais traços do conceito de ideologia: impacto da violência no discurso, dissimulação cuja chave escapa à consciência, necessidade de digressão pela explicação das causas. Por estes três traços, o fenômeno ideológico constitui, para a hermenêutica, uma explicação limite. Enquanto a hermenêutica apenas faz desenvolver uma competência natural, nós temos necessidades de uma meta-hermenêutica para elaborar a teoria das deformações da competência comunicativa que envolve a arte de compreender, as técnicas para vencer a incompreensão e a ciência explicativa das distorções. (Thompson, 2011, p. 362)

Cabe à pessoa que trabalha com teologia buscar esclarecimentos quanto aos aspectos fundamentais da hermenêutica para poder fazer uma leitura correta do contexto da comunidade que representa, compreender as tendências e perceber as necessidades. Aí se encontra o principal desafio da sociedade. Desse modo, pode-se desenvolver e apresentar uma ideologia coerente com as Escrituras e que servirá como proposta de vida para aqueles que forem verdadeiros cristãos.

5.3 A ideologia vinculada com os fenômenos da existência social

O cotidiano precisa ser conceituado para poder ser estudado e aprimorado. Nesse ponto, as questões ideológicas nos ajudam com conceitos e normas estabelecidos pelos grupos participantes. Se é verdadeiro ou falso o que certas pessoas ou grupos de pessoas afirmam acerca de suas relações, a ligação entre o que são e o que dizem ser é algo que nos interessa. Devemos rever o que os religiosos, por um lado, e os cientistas, por outro, consideram como um dado de experiência.

Rogers (1986, p. 196) afirma: "A ideologia é inseparável do que se considera conhecimento. Na maioria dos casos o conceito de ideologia serve para distinguir o que é verdadeiro conhecimento científico do social do que não é. Sem uma clara ideologia não conseguiremos desenvolver um plano de ação coerente para causar impacto na sociedade".

O conhecimento de forma geral está relacionado as ideologias dos sujeitos, não se pode viver de forma digna sem levar em conta um rosário de conceitos que nos levam a uma moralidade e ética a serem aplicados no modo de vida.

O sujeito que entende para que sua vida se destina e para quais ações ele deve se ater, será pleno no seu viver e poderá ajudar outras pessoas, e ser ativo na sociedade em que vive.

Síntese

Neste capítulo, vimos que a religião tem seus pressupostos, exercidos de forma milenar, e que ela tem sido afetada pela tecnologia e pela grande rede (internet). Nesse contexto, não podemos negar que a apresentação religiosa assume uma nova roupagem, novas cores, novos formatos e passa a ter uma abrangência maior na vida dos sujeitos.

Indicação cultural

DOIS papas. Direção: Fernando Meirelles. EUA: Netflix, 2019. 125 min.

Esse filme conta a história do relacionamento de dois papas, uma quebra de paradigmas e algumas lições teológicas.

Atividades de autoavaliação

1. Por que é necessário o estudo das ideologias no âmbito da comunicação religiosa?
    a) Porque o mundo vive uma total hegemonia da ideologia econômica neoliberal, e cabe aos líderes religiosos adequar o ambiente eclesiástico a essa ideologia.

b) Porque os líderes religiosos são formadores de opinião e, portanto, devem estudar as formações ideológicas e suas construções temáticas.

c) É desnecessário um estudo que vise à introdução do Evangelho na vida íntima dos indivíduos, diante das transformações da sociedade contemporânea.

d) Porque o líder religioso precisa se isentar o máximo possível da influência exercida pela indústria midiática, a fim de evitar suas consequências nas comunidades de fé.

e) O espírito crítico não é algo desejável aos líderes religiosos, que precisam conduzir a massa de fiéis de forma alienada da realidade.

2. Sobre o conceito de ideologia, leia as afirmativas a seguir:

I) Uma ideologia é um sistema de pensamentos construídos para justificar e consolidar a posição de um partido político, uma classe social, um determinado grupo cultural ou uma instituição religiosa.

II) A ideologia é inseparável do que se considera conhecimento. Na maioria dos casos, o conceito de ideologia serve para distinguir o que é o verdadeiro conhecimento científico.

III) A ideologia é inseparável do que é considerado conhecimento. Na maioria dos casos, o conceito de ideologia serve para distinguir o que é um verdadeiro conhecimento científico do social daquilo que não é.

Agora, assinale a alternativa que indica a(s) afirmativa(s) correta(s):

a) I.

b) I e II.

c) I e III.

As perspectivas da sociedade no âmbito das teologias

d) II e III.
e) I, II e III.

3. Analise o trecho a seguir:

Pensar sobre ideologia é tentar _____ um sistema de _____ ao qual uma determinada coletividade adere e cujos _____ passam a ditar como esse grupo vive e decide levando-se em conta os aspectos _____ dos sujeitos e sua capacidade de _____ dos eventos e situações criadas.

Agora, marque a alternativa que completa corretamente as lacunas:

a) copiar – valores – ideais – históricos – adaptação
b) delinear – religiões – projetos – vivenciais – adaptação
c) diagnosticar – crenças – conceitos e propostas – culturais – participar
d) inventar – crenças – anseios – sociais e culturais – adesão
e) planejar – religiões – próprios paradigmas – cognitivos – compartilhar

4. A respeito da temática da sociedade no ambiente da teologia, analise as afirmativas a seguir:

I) As regras do mercado ditam o modo de vida das pessoas.
II) Os eventos acontecem em um ambiente virtual e sem compromissos.
III) As pessoas acabam sendo influenciadas para o consumismo e o narcisismo, que se manifestam pelo desejo de consumo exorbitante.

Agora, assinale a alternativa que indica a(s) afirmativa(s) correta(s):

a) I.
b) I e II.
c) I e III.
d) II e III.
e) I, II e III.

5. Leia o excerto de texto a seguir:

Necessitamos, na América Latina, de uma ação social que proclame um evangelho de esperança libertadora para o homem oprimido e alienado que mora ao largo de nosso continente. Uma ação social que o ajude a ver o horizonte de um novo amanhecer. Uma ação social que encarne o evangelho em feitos concretos – que cure, restaure. (Costa, 1975, p. 82, tradução nossa)

Com base no texto citado, assinale a afirmativa correta:

a) O poder e a consciência dele não são alicerces civilizatórios, pois o ser humano organizou-se desde os primórdios independentemente de estruturas de poder.
b) É inútil conhecer as estratégias de manipulação midiática, pois nada podemos fazer para combatê-las.
c) Uma reflexão que aborde profundamente os diferentes aspectos socioculturais das comunidades e da sociedade em geral não colabora na propagação do Evangelho.
d) O cotidiano precisa ser conceituado para poder ser estudado e aprimorado na existência humana.
e) A falta de uma reflexão crítica sobre a ação socioeconômica, política e cultural não prejudica de forma alguma o avanço do Evangelho.

As perspectivas da sociedade no âmbito das teologias

Atividades de aprendizagem

Questões para reflexão

1. Como as transformações sociais produzem consequências na vida humana? E especificamente na vida religiosa?

2. Pense nas seguintes questões: Você sempre praticou a religião à qual pertence hoje? Passou por uma experiência de conversão religiosa? Quais são os benefícios de sua religião? Com quais fatores não concorda? Como sua religião funciona para manter seu mundo social? Como sua religião colabora para a construção social de seu mundo? Você mudaria de religião? Por quê?

Atividades aplicadas: prática

1. Pesquise e explique de que forma as mudanças econômicas e sociais transformaram a religião a partir do século XVI. Atualmente, qual é a influência do capitalismo na religião?

2. A sociedade tem afetado os contornos da religião e da espiritualidade das pessoas, e esse fato tem influenciado as religiões e mais especificamente o cristianismo. Cite algumas características resultantes dessa influência.

capítulo seis

Caminhando para uma teologia da cidadania

Conforme o senso comum, a teologia se preocupa apenas com a liturgia e a agenda interna das entidades religiosas, mas, na verdade, a teologia tem uma tarefa cidadã. Jesus era uma pessoa do povo, identificou as necessidades dos órfãos, dos pobres, das viúvas e dos estrangeiros. Seu discurso estava relacionado com sua prática de vida.

Portanto, ao tratarmos de cidadania, devemos, como cristãos, buscar apresentar para a sociedade um modo de vida digno com a mensagem de Jesus.

6.1 Uma reação teológica da sociedade abrangente

No decorrer da história, determinadas ideologias têm sido desenvolvidas por teóricos (pensadores, filósofos, sociólogos) e praticadas pelos sujeitos sociais. Às vezes, isso se dá sem uma análise crítica adequada e, assim, os resultados são no mínimo questionáveis. Uma delas é o materialismo, o qual era a ideologia da produção em massa, expressa por capitães do capitalismo ou por economistas convencionais, que reflete "uma ideia da primazia do produto material de que os planejadores soviéticos iriam gostar" (Toffler, 1990, p. 103).

Nesse contexto, o indivíduo não é levado em conta em sua integridade. Avalia-se a pessoa por sua capacidade de produção e de consumo. O sujeito produz para que ele mesmo possa consumir e pagar pelo produto que ele próprio fabricou, isto é, trata-se de uma escala ou ciclo em que poucos são beneficiados em detrimento de muitos. Um ponto lamentável nesse ciclo é o papel e o exercício da religião.

Não reproduzir o modelo torna-se o grande desafio, e apresentar uma proposta significativa e direcionadora passa a ser uma necessidade. O indivíduo explorado pelo rico e sem aspirações carece de orientação, no mínimo ideológica, que possa trazer esperança para o contexto sem perspectiva em que ele está inserido.

> *Outro aspecto pertinente e provável com respeito às ideologias é o fato de que as grandes máquinas de poder tenham sido acompanhadas de produções ideológicas. Houve possivelmente, por exemplo, uma ideologia da educação, uma ideologia do poder monárquico, uma da democracia parlamentar etc. Entretanto não creio que aquilo que se forma na base sejam ideologias – é muito menos e muito mais do que isso. São*

Caminhando para uma teologia da cidadania

instrumentos reais de formação e de acumulação do saber: métodos de observação, técnicas de registro, procedimentos de inquérito e de pesquisa, aparelhos de verificação. Tudo isso significa que o poder, para exercer-se nesses mecanismos sutis, é obrigado a formar, organizar e pôr em circulação um saber, ou melhor, aparelhos de saber que não são construções ideológicas. (Foucault, 1999a, p. 186)

Passam a existir determinados procedimentos que não derivam necessariamente de ideologias conceituadas ou estabelecidas. São comportamentos reproduzidos por determinados sujeitos e que resultam em grandes influências sociológicas.

Podemos considerar, por exemplo, os procedimentos religiosos. Nem todos são esquematizados, resultantes de uma pesquisa ou tese desenvolvida usando-se os recursos necessários para se construir uma ideologia. Por outro aspecto, a religião influencia diversos segmentos. Ela se faz presente, lança propostas, que, por sua vez, têm fundamentos ideológicos, sem passar por toda a estrutura necessária para a formação de uma ideologia conforme os métodos teóricos ou acadêmicos.

O cidadão, aquele que trabalha na periferia, consegue influenciar, gerar comportamentos entre aquelas pessoas de tal maneira que interfere nos fundamentos de um certo grupo social. Faz isso sem seguir necessariamente os moldes convencionais no que diz respeito à formação de uma ideologia. Em uma abordagem que nem sempre ocorre nos padrões acadêmicos ou de acordo com os teóricos do saber, podemos dizer que a ideologia está sendo construída por meio do cotidiano existencial dos sujeitos em questão.

Nesse aspecto, as formas de sujeição utilizadas pelos sistemas locais e os dispositivos estratégicos "se consolidam, o poder passa a ser exercido no grupo, de forma não necessariamente institucionalizada". É preciso

estudar o poder colocando-se fora do modelo de Leviatã, fora do campo delimitado pela soberania jurídica e pela instituição estatal. É preciso estudá-lo a partir das técnicas e táticas de dominação. Essa é, grosso modo, a linha metodológica a ser seguida. (Foucault, 1999a, p. 186)

O poder religioso se apresenta como uma poderosa ferramenta ideológica. Por outro lado, corre riscos altíssimos quanto à exploração e à manipulação daqueles que cegamente seguem seus ideais. O cidadão manipulador, fazendo uso dos pressupostos religiosos, é um instrumento cortante ao prejudicar uma pessoa que não consegue identificar a sutileza e as artimanhas desenvolvidas por esses algozes.

Não podemos minimizar as ações humanas relacionadas à manipulação religiosa. O poder passa a ser exercido sobre outros que, por seu turno, na figura de seguidores, não conseguem superar suas limitações ou até mesmo sua falta de entendimento de todas as implicações da questão.

6.2 As ações de Jesus como referência para uma teologia na sociedade

Seguir o modelo do mestre – esse é o mote para a vida e também para o desenvolvimento dos conceitos de vida em sociedade. Para o cristianismo, Jesus é o referencial, e cabe aos cristãos seguir os ensinamentos dele. De forma objetiva e prática, Cristo ensinou sobre o amor ao próximo e mostrou como a religião ultrapassa seus contornos tradicionais e afeta a sociedade.

6.2.1 Jesus e sua atuação na sociedade

A postura de Jesus no dia a dia e sua atuação na sociedade apontam alternativas para a libertação e a esperança de um povo sofrido, explorado, doente e envolvido em uma profunda confusão religiosa.

Entre o povo, a casta dos sumos sacerdotes, que compravam o cargo por dinheiro e depois procuravam fazer com que o cargo permanecesse na posse do próprio clã, era desprestigiada e odiada (Gnilka, 2000). O povo via suas aspirações sendo sufocadas pela grandeza do Império de Roma e seu amplo domínio sobre o mundo da época. Jesus se apresenta e propõe um modelo de vida libertador, diferente do modelo romano, que dominava, escravizava e matava aqueles que não concordavam com eles.

Jesus viveu em Nazaré a maior parte do tempo de sua vida. Por isso é necessário que digamos algumas palavras sobre Nazaré, de onde ele recebeu a alcunha de O Nazareno (Marcos 1:24). No Antigo Testamento, o lugar não é mencionado em parte alguma, como não o é também em Flávio Josefo. Isso só pode estar relacionado com a pouca importância do local. Não obstante, Nazaré deve ter existido pelo menos na era helenística, fundada a partir de Jafa, distante apenas três quilômetros a sudoeste, uma cidade que já figura na lista das comunidades da tribo de Zabulon em Josué 19:10-16.

Percebemos na pessoa de Jesus uma participação cultural e existencial que lhe permite inserir-se nesse contexto sem existir conflito sociológico e cultural. Sob o ponto de vista da alta política romana, o tempo de vida de Jesus coincide com os governos de dois imperadores, o de Otaviano Augusto (27 a.C.-14 d.C.) e o de Tibério (14-37 d.C.). Nenhum dos dois esteve nas paragens orientais do Império nem pisou no território da Síria ou da Palestina. Porém, a longa duração de seus governos garantiu paz e bem-estar ao mundo político.

Sob o nome de Augusto, que obteve êxito em acabar com as guerras civis e cujo prudente governo teve a sorte de ocorrer em uma época feliz, está associada a lembrança da chamada *pax romana augustana*. Poetas e sacerdotes o aplaudiram. Virgílio, em sua quarta ácloga, anunciou os tempos áureos. Horácio, que compôs o *carmen saeculare*, exaltou Augusto em outra passagem como o maior dos monarcas. Embora Augusto não fosse aceito em Roma, o imperador permitiu que, no oriente do Império, o venerassem como deus, sobretudo quando o culto fosse associado ao de deus Roma. Um sinal bastante visível disso é o templo em Ancira (hoje Ancara), dedicado a ele. O poder de Augusto se fazia sentir no país, representado pelo rei Herodes e depois por seus filhos e pelo procurador romano na Judeia (Gnilka, 2000).

A postura de Jesus teve tamanho impacto no sistema religioso que conseguiu desestruturar os modelos religiosos e sociológicos da época. A tradição de que Jesus sentava-se à mesa com publicanos e pecadores e comia com eles é historicamente confiável e pode ser considerada como fora de dúvida. Esse comportamento rompeu com a ordem até então vigente, que valorizava diferentemente as classes sociais e estabelecia divisões (Gnilka, 2000).

Suas declarações nada convencionais fizeram com que muitos conceitos fossem revistos. Fez isso na forma de um servidor, um escravo, que está disponível ao próximo. No relato do Evangelho de João, isso se concretizou quando Jesus lavou os pés de toda criação de Deus (João 13:2-17). Vale a pena repetirmos aqui as palavras-chaves:

> *Quando terminou de lavar-lhes os pés, Jesus tornou a vestir sua capa e voltou ao seu lugar. Então lhes perguntou: "Vocês entendem o que fiz a vocês? Vocês me chamam 'Mestre' e 'Senhor', e com razão, pois eu o sou. Pois bem, se eu, sendo Senhor e Mestre de vocês, lavei os seus pés, vocês*

Caminhando para uma teologia da cidadania

também devem lavar os pés uns dos outros. Eu dei o exemplo, para que vocês façam como lhes fiz. Digo verdadeiramente que nenhum escravo é maior do que o seu senhor, como também nenhum mensageiro é maior do que aquele que o enviou. Agora que vocês sabem estas coisas, felizes serão se as praticarem. (Bíblia. João 13:12-17)

6.2.2 O ambiente social na época do cristianismo nascente

Na época do cristianismo nascente, as camadas sociais da população apresentavam sérias diferenças. Bem no alto se encontrava uma delgada faixa de latifundiários, que se podia dar o luxo de morar em uma casa em Jerusalém. Embaixo ficava a massa dos pequenos agricultores e diaristas. Estes últimos eram os que se achavam em pior condição. Viviam da mão para a boca; geralmente não encontravam trabalho, a não se por um tempo limitado ou por um dia, tendo de esperar dia após dia alguém que os contratasse.

Ficavam então na praça do mercado, sem ter o que fazer, tal como é retratado na parábola dos trabalhadores na vinha, à espera do que desse e viesse (Mateus 20:1-16). Podiam ser contratados não apenas para a agricultura, mas também para a pesca e outros trabalhos. De Zebedeu, o pai de Tiago e João, ouvimos que ele tinha empregado para a pesca (Marcos 1:20). A diária consistia, via de regra, em um denário (Gnilka, 2000).

O projeto de vida de Cristo era um contraste com as práticas autoritárias dos governantes. Seu principal interesse era capacitar um grupo de pessoas para dar seguimento ao seu projeto redentor da humanidade. Os evangelistas também se preocuparam em deixar registrado que Cristo entendeu que o poder era uma dimensão perigosa e que necessitava ser redimensionado segundo o reino de Deus.

O povo pobre e sofrido torna-se o alvo principal de Jesus, e consolo, conforto e acompanhamento passam a ser a estratégia fundamental para sua proposta para o escravo, tendo em vista a libertação do ser humano por completo (corpo, alma e espírito) em uma dinâmica de serviço a Deus e ao seu corpo. Jesus, de forma nenhuma, chama para uma escravidão conforme os modelos de sua época; o chamado gira em torno da proposta de amor e liberdade. O escravo pode ainda ser escravo, mas ser livre, o que é um paradoxo. Jesus também não propõe o poder do mais forte sobre o mais fraco.

O exercício das políticas públicas na época de Jesus vem acompanhado de forte ênfase religiosa, deuses e deusas que determinam o modo de vida de uma nação. Quando o governante conseguia inserir esse modelo, seu governo tinha grande chance de ser bem-sucedido. Com o povo judeu, essa prática não funcionou, pois o Deus judeu era outro, sua religião era outra, seu objetivo era servir ao Deus verdadeiro.

O encarnado manifesta todas as características desse ser espiritual historicizado. Jesus Cristo manifesta poder ímpar:

- ao atrair discípulos com seu caráter e sua palavra (Mateus 4:18; Marcos 2:14);
- ao refutar os mais entendidos e influentes adversários, que o enfrentam com argumentos e perguntas (Mateus 22:26; Marcos 12:34);
- ao expulsar do templo aqueles que desonravam o espaço sagrado (Mateus 21:12);
- ao operar milagres como expressão de sua compaixão pelas pessoas e como sinal que produzia fé (Mateus 11:5);
- ao expressar misericórdia e perdão aos pecadores, elevando-os a uma nova dimensão de vida (Lucas 7:47);

Caminhando para uma teologia da cidadania

- ao confrontar os poderes constituídos, colocando-se acima deles (Lucas 13:32);
- ao exercer autoridades sobre demônios (Lucas 5:1-20);
- ao fazer com que seu poder seja visto também quando padece, pois mostra que tem domínio sobre a morte. Por isso, ressurge vitorioso, demonstrando que nem a morte, nem a sepultura triunfaram sobre o Filho de Deus (Atos 2).

Com seu exemplo, Cristo anuncia um modelo a ser seguido, que sempre leva em conta o indivíduo em seus aspectos preponderantes e fundamentais. Se procurarmos mais uma vez obter uma visão do conjunto que envolve o ser discípulo e o seguir a Jesus, concluiremos que sua característica primordial é a inclusão dos discípulos em sua atividade, fazê-los participar do anúncio do domínio de Deus (Gnilka, 2000).

> *De novo, piedade e crescimento vêm através da tapeçaria de nossa vida pessoal, sofrimentos, alegria, perseverança, tragédia, transformação e dor. Cada um de nós está sendo formado à imagem de Cristo através de circunstâncias completamente diferentes, e não há "modelo funcional" para a santificação, senão Cristo. Não podemos imitar ou personificar o que Deus está fazendo na vida de alguém. Assim como não podemos enviar o pastor de volta para casa com um bonito pacote de carismas e dons, também não podemos, pelo preço dos selos portais, enviá-lo de volta com uma caixa de caráter cristão.* (Horton, 1998, p. 25)

Pensemos na vida e no ministério de Jesus. Viveu celibatário, renunciou a fundar uma família própria, a ter mulher e filhos. No judaísmo contemporâneo, esse comportamento não podia deixar de parecer chocante. Estabelecer família e gerar filhos era considerado quase como um dever e uma obrigação – isso com base em Gênesis 1:28: "Sede fecundos e multiplicai-vos!". No judaísmo rabínico, um celibatário podia ser considerado alguém que verte sangue. Só em Qumran existiam monges que viviam. Ora, em Mateus 19:12, foi-nos transmitido um *logion* que, com toda probabilidade, refere-se ao celibato de Jesus.

Quanto à instrução ao povo sobre o matrimônio, Jesus indica a possibilidade do celibato: "Pois há eunucos porque assim nasceram do ventre da mãe; há eunucos que assim foram feitos pelos homens, e há eunucos que assim se fizeram por amor da 'basileia' dos céus. Quem puder entender, que entenda" (Bíblia. Mateus 19:12). A palavra construída segundo uma regra de três – são mencionados três tipos de eunucos – chega à culminância em uma regra de dois. Uma vez é usado o conceito desprezível de eunuco, que designa o castrado, o incapacitado para o matrimônio. A castração, segundo Deuteronômio 23:2ss e Levítico 22:24, era uma abominação para Israel. Por outro lado, no dito ocorre uma modificação de valor. Se nos dois primeiros casos se fala daqueles que, por falta de sorte exterior, foram levados à lamentável condição da infecundidade corporal, no terceiro eunuco isso passa a ser uma metáfora para uma vida celibatária voluntariamente assumida. Como ficou conservado o conceito de eunuco de conotação ofensiva, tem-se presumido que estaríamos diante de um ataque contra Jesus. Por causa de sua vida celibatária, ele é insultado pelos adversários como eunuco, da mesma forma que, por sua comunhão de mesa com publicanos, meretrizes e pecadores, foi insultado de comilão e beberrão (Mateus 11:19) (Gnilka, 2000, p. 166).

Diferente dos ministérios profissionais de sua época ele não se conformou aos moldes da religião formal. Seu ministério não se encaixa dentro da estrutura padronizada dos rabinos do primeiro século. E já começou de modo diferente: ele simplesmente chamou alguns homens para segui-lo. Nada de programas espetaculares para atrair multidões,

Caminhando para uma teologia da cidadania

> nada de companhas grandiosas, nem mesmo um planejamento para abrir uma escola, onde se ensinaria as pessoas pregar. Não, ele apenas reuniu em torno de si um punhado de homens com os quais mantinha comunhão íntima, e fez deles o ponto central de todo o seu ministério.
> (Swindoll, 1985, p. 110)

No relacionamento com seus discípulos, Jesus estava interessado em lhes apresentar situações práticas, baseadas nas experiências do cotidiano, e assim o aprendizado ia se consolidando – ver, julgar e agir era o método usado por Jesus. Em algumas situações, Jesus os chamava em particular para transmitir um ensinamento específico e objetivo a respeito de determinadas situações, com a intenção de que pudessem colocar em prática os princípios. Cada circunstância continha uma oportunidade de aprendizado; podia ser no trato com as pessoas, na convivência entre eles, nas experiências sobrenaturais, na marca e nos ensinamentos do mestre (Costa, 1975).

Essa proposta corrobora o praticado na época de Jesus. Seu ministério é resultado de vida e convivência com tantos outros; vai contra os padrões reinantes, foge das estruturas e parte para o não convencional, tendo sempre em vista treinar e capacitar pessoas para dar continuidade ao seu grande plano ministerial. À época, esse modelo se contrapôs aos poderosos, a ponto de chocar a sociedade daquele tempo, tanto que levou Jesus à morte.

No tempo de Jesus, foram cinco governadores romanos, aproximadamente nos seguintes períodos:

- Copônio – 6-9 d.C.;
- Marcos Antíbulo – 9-12 d.C.;
- Ânio Rufo – 12-15 d.C.;
- Valério Grato – 15-26 d.C.;
- Pôncio Pilatos – 26-36 d.C.

Foi no tempo de Copônio que se deu o recenseamento. Do segundo e do terceiro governadores quase não se sabe coisa alguma. Valério Grato, nos 11 anos em que exerceu o cargo, instituiu quatro sumos sacerdotes, tendo cada qual, com exceção do último, exercido o cargo por um ano apenas. O último foi José Caifás. Valério Grato foi nomeado por Tibério.

A política de Tibério com relação aos governadores consistia em deixá-los no cargo tanto tempo quanto fosse possível. É o que se pode ver pelo fato de os dois últimos governadores mencionados haverem permanecido na Judeia por 11 e 10 anos, respectivamente. Curiosa, porém, é a razão dessa política. Tibério era da opinião de que os governadores agiam como as moscas no corpo de um ferido. Depois de terem se saciado, tornavam-se mais moderados em suas extorsões (Gnilka, 2000).

Se quisermos saber alguma coisa sobre a relação de Jesus com o Estado e com o poder do Estado, é bom não esquecermos que ele terminou como uma vítima desse poder. Isso não significa que tivesse uma atitude de rejeição à autoridade do Estado de seu tempo. Contudo, do pouco que nos foi transmitido e que pode ser considerado como patrimônio autêntico de Jesus, não é difícil percebemos uma certa reserva e ceticismo, que correspondem a uma certa autoridade interior. "Sabeis que os que parecem governar as nações as oprimem e os grandes tiranizam" (Bíblia. Marcos 10:42).

É acrescentada uma palavra para dizer que, entre os discípulos, não deve ser assim, uma comunidade de contrastes. O julgamento dos que dominam este mundo é, a um só tempo, realista e crítico, mas não lhe falta o fundo teológico. O esperado domínio de Deus colocará um fim a todo domínio terreno e, com isso, a toda opressão e a todo abuso do poder. Na comunidade dos discípulos, vigorava uma lei diferente da lei da opressão e declarava-se que o poder

Caminhando para uma teologia da cidadania

político dura pouco, como ilusória aparência. Os potentados terrenos não são os dominadores definitivos do mundo (Gnilka, 2000).

Essa é a realidade política, sociológica e religiosa na qual Jesus estava inserido. Vale ressaltarmos o compromisso com o reino de Deus praticado por Jesus, o qual, apesar de ser o próprio Deus, feito homem, se aculturou, conviveu com a realidade. Essas posturas lhe custaram a vida, porque sua proposta contestava, de certa forma, o modelo de governo reinante na época. Seu exemplo se tornou forte e marcante e tem sobrevivido na história, constituindo-se em uma nova opção ou alternativa para o exercício do poder.

Os conceitos de poder na época de Jesus passavam pela religião. Os deuses eram poderosos, criadores e condutores de toda criação. Para o judeu, Deus Jeová, eterno, imutável, todo poderoso, nem se comparava com os deuses pagãos, cultuados pelos romanos. Roma herdou dos gregos a mitologia e as práticas concernentes aos deuses.

> *Na Grécia, Homero afirmava que os reis eram "filhos de Júpiter, alimentados por Júpiter". Entre os romanos César se proclamava divã da vida e se fazia objeto de cultos depois de morto. O mesmo autor considerava Cristo produto de uma verdadeira revolução nas ideias sobre a divindade dos césares e em geral dos homens revestidos de poder, quando exclamou: "Dá ao César o que é de César e a Deus o que é de Deus". Assim estabeleceu uma clara separação entre os reinos temporal e o reino espiritual.* (Núñez, 1976, p. 21-22, tradução nossa)

Jesus se opõe aos reinos humanos, aos impérios egoístas e comprometidos com a exploração do mais fraco e à preservação de valores religiosos e institucionais. Jesus, com sua proposta e declarações, deixa bem claro que os princípios do reino de Deus são totalmente antagônicos aos princípios dos impérios humanos. Ao se levantar contra os reinos humanos, Jesus está se apresentando como Deus, e isso choca, desestrutura os impérios, principalmente o romano, que na época era o maior referencial de poder e esplendor humano.

Os enfrentamentos de Jesus se davam contra os impérios dominadores e opressores e levavam em conta as necessidades dos pobres e oprimidos. Seu projeto era consolidar os princípios do reino de Deus, amar a Deus e ao seu próximo como a si mesmo, pressupostos totalmente contrários aos mandos de governantes opressores. Não é fácil confrontar as estruturas de poder consolidadas no núcleo da sociedade e, para Jesus, esse enfrentamento lhe custou a própria vida. Além disso, a própria identidade de Jesus choca, filho de Deus, enviado da parte do Pai, o Messias libertador – na tradição política e religiosa do Império Romano, ninguém poderia apresentar-se com mais poder do que o imperador. Por seus seguidores, Jesus é destacado como o libertador do povo de Israel.

A mais espetacular liderança transcultural na história da humanidade teve lugar quando o Filho de Deus se tornou o judeu Galileu do primeiro século. Nessa identificação renunciou ao "status" e direitos que gozava como Filho de Deus. Dentre eles, Jesus abriu mão de qualquer direito a independência, tendo nascido numa manjedoura emprestada. Ele pregou dentro de um barco emprestado, comeu a última ceia num cenáculo emprestado, morreu numa cruz emprestada e foi sepultado num sepulcro emprestado. Em consciente renúncia, se expôs à tentação, pesar e dor, e, embora tenha se identificado completamente conosco, não perdeu a sua própria identidade. Permaneceu ele mesmo. E assim sua encarnação ensinou identificação sem perda de identidade. (Ford, 1984, p. 31-32)

Vale a pena considerarmos algumas questões fundamentais para a liderança. Em Cristo, encontramos respostas para dois dos maiores problemas de ego da liderança. O primeiro é o medo de senso de inadequação: "eu não sou bom ou forte o suficiente para ser um líder!", e um orgulho pecaminoso pode nos fazer recusar

Caminhando para uma teologia da cidadania

responsabilidades. O segundo se opõe ao primeiro: "é a minha fome de poder que me leva a querer ser superior aos outros [...] Orgulho pecaminoso pode, de fato, fazer com que sejamos ensoberbecidos e exaltemos a nós mesmos [...] O antídoto está na realização integral do que significa, cada vez mais, estar em Cristo" (Ford, 1984, p. 32).

O orgulho de considerar-se incapaz pode nos levar a uma postura independente, com o artifício de que não temos condições de desempenhar a vontade de Deus nem de cumprir os requisitos necessários para a liderança. O indivíduo se afasta e não contribui de forma significativa para o reino de Deus. Jesus apresenta uma alternativa de serviço que pode ser desempenhada por todos e de acordo com as capacitações dadas por Deus. Para Jesus, poder pressupõe serviço, uma dedicação genuína do coração para ajudar ao próximo, sem nenhum interesse pessoal ou a busca de vantagens religiosas, como a salvação por obras e o reconhecimento pessoal.

Outra questão que precisa ser levada em conta abrange a fome de poder, o desejo de estar por cima, o anseio por ser reconhecido, a vontade de brilhar mais do que Jesus, uma busca desordenada por controle, o anseio por ser superior a outros. Essas atitudes são totalmente confrontadas por Jesus, que não está interessado em ser conhecido; seu desejo é cumprir a vontade do Pai e Ele se sente realizado quando está servindo ao seu próximo e executando o plano de Deus para sua vida.

> *Se a missão Cristã é para ser modelada pela missão de Cristo, ela certamente implicará – assim como Ele o fez – penetrarmos no mundo das pessoas. Em se tratando de evangelização isto significa entrar no mundo dos seus pensamentos, no mundo da sua tragédia e solidão, a fim de compartilhar Cristo com eles lá onde eles estão. Socialmente falando significa disposição par renunciar ao conforto e à segurança de nossa própria formação cultural, a fim de nos doarmos em serviço aos*

indivíduos de outras culturas, de cujas necessidades quem sabe jamais tenhamos tido conhecimento ou experiência. Uma missão encarnada, seja ela evangelística ou social, ou mesmo ambas, exibe uma custosa identificação com as pessoas em sua real situação. (Stott, 1989, p. 41)

Na situação atual, precisamos de alguns fundamentos praticados por Jesus para superarmos as pressões e os modelos não cristãos que prevalecem na sociedade moderna.

Podemos destacar ainda o temperamento de Cristo. Sua maturidade emocional precisa ser imitada; sua bondade, sua humildade e mansidão, o domínio próprio, enfim, o amor. O temperamento de Cristo é desafiado a cada dia pelas obras da carne, em uma sociedade na qual impera a violência e a exploração, em que as doenças emocionais se tornam o assunto do dia. Jesus apresenta um modelo aos agressivos e desequilibrados, aos orgulhosos e vaidosos, aos promotores de dissensões, impiedosos, sectários e, por fim, aos cultivadores da falsa moral e da falsa superioridade espiritual. Encontrar equilíbrio emocional nessa situação de pressão do mundo moderno torna-se o grande desafio para o cristão.

A principal missão de Jesus era proclamar a chegada do reino de Deus, falar às pessoas sobre esperança e as boas notícias contidas nas Escrituras Sagradas. Sua tarefa estava focada no fato de que as pessoas precisavam de ajuda para viverem de modo digno, tanto na forma física quanto na vida espiritual. Esses fatores devem servir de referência para os que acreditam em Jesus, já que seu modo de vida ainda ecoa em nossos dias. Sua prática de vida precisa ser reproduzida por seus seguidores: os ensinamentos de Jesus contrapõem-se ao egoísmo e ao interesse no lucro financeiro; o modo de vida simples e a convivência com os mais pobres são estímulos para que vivamos assim também.

Caminhando para uma teologia da cidadania

Isso, porém, só pode ser feito com a participação daquilo que ele fez, pois Jesus não apenas proclamou o domínio de Deus que vem, mas também nesse domínio se fez, incluindo sua palavra, sua pessoa. Em numerosas parábolas, Cristo mostrou a relação dinâmica entre futuro e presente do domínio de Deus e tornou clara a ordem de um amor sem limites, que quer abrir caminho para as estruturas rígidas das leis que regem o mundo.

Nas parábolas, nossa atenção deve se voltar para o nexo existente entre a mensagem e a atuação de Jesus no meio dos homens. A mensagem da parábola do filho pródigo, a dos trabalhadores na vinha etc., por exemplo, têm suas raízes e sua credibilidade no agir, sem que sejam transformadas em alegorias. Deus estabelece seu domínio de bondade, e a presença do futuro domínio de Deus no agir de Jesus significa, em última análise, que Deus atua nele diretamente, que o próprio amor de Deus tornou-se experienciável nele (Gnilka, 2000).

Pensemos na vida e no ministério de Jesus. Diferentemente dos ministros profissionais de sua época, Ele não se conformou aos moldes da religião formal. Seu ministério não se encaixou na estrutura padronizada dos rabinos do primeiro século.

> *E já começou de modo diferente: ele simplesmente chamou alguns homens para segui-lo. Nada de programas espetaculares para atrair multidões, nada de campanhas grandiosas, nem mesmo um planejamento para abrir uma escola, onde se ensinaria as pessoas a pregar. Não, ele apenas reuniu em torno de si um punhado de homens com os quais teve comunhão íntima, e fez deles o ponto central de todo o seu ministério.* (Swindoll, 1985, p. 110)

O poder da sociedade é um postulado do cristianismo. Nessa realidade, devemos construir uma reflexão que aborde o assunto e procure esclarecer, considerar, refletir e buscar pautas que possam servir como referencial para aqueles que exercem tamanha tarefa. "Se alguém deseja ser bispo, deseja uma nobre função" (Bíblia. 1 Timóteo 3:1).

> *O cristianismo é a única religião a se organizar como sociedade. E como tal, postula o princípio de que certos indivíduos podem, por sua qualidade religiosa, servir a outros, não como príncipes, magistrados, educadores, benfeitores e adivinhos, mas como servos. Contudo, essa palavra designa uma forma muito específica de poder. É uma forma de poder cujo objetivo final é assegurar a salvação individual no outro mundo.* (Foucault, 1999a, p. 146)

Jesus é o referencial para as sociedades. Ele propõe que, no cotidiano, se exerçam os serviços nos mesmos termos. Sua postura exemplar de ajuda e misericórdia para com o próximo deve ser imitada. Por isso, pressupõe-se que a sociedade cristã continue com o propósito de Cristo aqui na Terra. Essa vocação apostólica e social é mostrada claramente ao longo do Novo Testamento. Existem certas peculiaridades ministeriais na pessoa de Jesus que são reproduzidas na sociedade. Aqueles que almejam o episcopado devem cultivar essas virtudes.

O cidadão que segue a teologia cristã é enviado a buscar, sob a direção do Espírito, as outras ovelhas do aprisco (João 10:14-17; 20:21-23; 21:15-17). É agente de reconciliação (2 Coríntios 5:19-20; 6:1). Faz parte de uma comunidade sacerdotal (Hebreus 13:15-16; 1 Pedro 2:5) e profética (1 Pedro 2:9-10), chamada a ser um testemunho vivo das virtudes de Deus e a comprometer-se com os que sofrem (Tiago 1:26-27; Lucas 10:25ss).

O poder religioso, se não for bem conceituado e assimilado da forma correta por parte daqueles que o detêm, pode se tornar uma tragédia, tanto pessoal quanto para aqueles que estiverem sendo

Caminhando para uma teologia da cidadania

conduzidos por ele. Um dos perigos deste século é o encanto com o poder (desejo de dominar).

Alguns chegam até o Evangelho com expectativas apenas salvíficas (pensando só na salvação), mas, no desenvolver de seu relacionamento religioso, começam a entender as estruturas eclesiásticas (funcionamento das hierarquias religiosas) e, assim, encantam-se (no sentido de se deixarem iludir) com os mecanismos de poder (formas de domínio sobre outros). Com isso, passam a buscar não um relacionamento com Deus, mas uma oportunidade para se destacarem dos demais, serem conhecidos, famosos, de tal forma que seu ego seja cada vez mais "fortalecido" (incentivado a agir dessa maneira). "Para Santo Tomás a legitimidade de um poder é determinada pela justiça de sua aquisição e de seu exercício. Neste, o poder deve dirigir-se no sentido do bem comum, sem contradizer, nunca, o bem divino" (Paupério, 1978, p. 39).

Em nome de Cristo, estão buscando os próprios interesses e vantagens pessoais. Devemos tomar cuidado, também, para não cairmos nos extremos, como acontece no islamismo, em que a religião anula a mulher, desenvolvendo uma espiritualidade com base em um legalismo absurdo. Precisamos prestar atenção ao que está acontecendo em pleno século XXI no Afeganistão.

> *A revolução Taliban teve origem em seminários alcoranistas fundamentalistas no Paquistão e no sul do Afeganistão. Os mullahs e militantes fundamentalistas do Taliban exigiram o retorno às antigas tradições culturais do país, segundo as quais as mulheres são mantidas separadas dos homens... Os homens estão proibidos de usar roupas ocidentais. E de se barbear – a barba longa é obrigatória. As verificações são frequentes: a polícia esfrega uma toalha sobre a barba e qualquer sinal de que foi aparada resulta em espancamento... Para as mulheres, as normas são muito mais draconianas. A educação feminina foi banida – escolas e universidades estão vedadas para elas. Empregos fora de casa também*

foram proibidos, exceto nos hospitais só para mulheres. Estas não devem falar com homens, a não ser os de sua família, nem comparecer a reuniões sociais que não sejam casamentos ou funerais, nos quais ficam separadas dos homens. Roupas e maquiagem são proibidas, e há relatos sobre mutilação de lábios de mulheres flagradas com batom. Saltos altos, sapatos que fazem barulho e sandálias sem meias também não são permitidos – acredita-se que perturbem os homens. Os banheiros públicos para mulheres foram fechados. Não se emitem passaportes ou carteiras de identidade para elas. (Grey, 2000, p. 34-35)

Essa perspectiva de poder está comprometida com as estruturas religiosas, que não levam em conta o indivíduo, e sim um determinado postulado desenvolvido por uma religião cega e fatalista, totalmente contrária aos princípios cristãos.

No exercício de poder na sociedade, a principal figura é a do verdadeiro e superior rei – Deus, criador do céus e da Terra, único digno de adoração e a principal razão da existência da religião cristã. Essa, por sinal, é a expressão de vida de seu fundador, Jesus Cristo, que deu sua vida em favor de seus seguidores. Ele morreu, ressuscitou e está vivo para todo aquele que nele crer.

Por assim dizer, o poder da sociedade é o serviço do vocacionado por Deus para os seguidores de Deus, construído mediante a voluntariedade, a resignação, a abdicação de certos privilégios comuns da vida, caracterizado pela devoção.

6.3 A sociedade e os aspectos religiosos

Podemos afirmar que uma sociedade não existe sem religião e uma religião não acontece em um espaço vazio, sem contornos sociais.

Caminhando para uma teologia da cidadania

165

As reações religiosas se dão no âmbito da sociedade; esta, por sua vez, reage aos valores morais e éticos que a religião apresenta. Todo esse complexo fluxo social acaba regendo a vida pública.

6.3.1 A religião na sociedade

A influência religiosa rege a vida pública, e chega-se ao ponto de se ponderar sobre o fato de os valores católicos emergirem de forma tão forte, que se entrelaçam entre os protestantes. Estes, sem se darem conta, se deixam influenciar por valores que não são os ideais da Reforma Protestante.

> *O Brasil é um país católico. O lugar que a religião ocupa em um país católico não é o mesmo que em um país protestante. Para o primeiro aplicar-se-ia o paradigma da dupla moral, para o segundo o da moral única. Para os católicos, haveria um código de honestidade, de retidão e de afeição no interior do círculo familiar, com os pais, amigos íntimos e os associados próximos, e um outro código, de dominação, regulando a vida exterior cujo modelo seria o do "caudilho". Esse modelo, que nasceu no Renascimento, segundo Dealy, seria fundamentalmente distinto do modelo que nasceu da Reforma, em que é a mesma honestidade, mas também a mesma competição que rege a vida pública e a vida privada.*
> (Corten, 1996, p. 135)

Nessa construção conceitual, pretende-se abordar certas questões ordinárias relativas ao poder sociedade, encontrando-se caminhos de libertação. Ao se considerarem os postulados praticados e vividos por Jesus de Nazaré, deve-se partir do pressuposto de que a verdade liberta. Hoje, vivemos uma religião mercantilizada, que tem trocado o sagrado pelo econômico. Esse não é um assunto novo, mas, sem receio de sermos repetitivos, podemos afirmar que, atualmente "vende-se a fé" por um preço módico e acessível ao sujeito que crer e estiver disposto a seguir as normas estabelecidas pelo mercado.

> *O sentido ideológico das pregações dos pastores manifesta-se na medida em que manipulam os espaços sensíveis e problemáticos dos fiéis para proveito próprio, sobretudo no que concerne à saúde, os problemas econômicos e a vida sentimental, pois, em troca da solução dos problemas, os pregadores exigem dos fiéis dons para Jesus e a sua adesão à Igreja. Para os pastores, não são apenas os problemas econômicos ou financeiros que exigem uma contrapartida financeira, mas também o que acontece de bom na vida dos fiéis e na da família deles.* (Corten, 1996, p. 78)

Nesse caso, é uma religião manipuladora, que faz uso de ofertas misteriosas e mágicas, que provêm de um "deus" (ideologia do mercado) que se agrada somente com o presente e com compromissos inconsequentes da parte de seus fiéis.

> *Essa situação ou, por assim dizer, essa proposta, está arraigada na América Latina. "Nossa América Latina foi e continua sendo um dos continentes mais convulsionados do mundo. Especialmente nos últimos cinquenta anos, devido a diversos fatores, a crise física e socioeconômica de nossos povos vem se tornando mais aguda. As condições humanas vão se deteriorando mais e mais, e a saúde física, social e moral de nosso povo clama por uma mudança radical que nos permita viver mais dignamente como criaturas de Deus, feitas à sua imagem e semelhança. É tremendo o desafio que se apresenta diante dos cristãos.* (Movimento Encontrão, 1986, p. 93)

Nesse contexto convulsivo, a religião passa a ocupar um lugar determinante entre a população. As ideias a respeito de Deus passam a ser construídas com base no imaginário do povo. Distorções e caracterizações do Evangelho se espalham de forma contundente.

Caminhando para uma teologia da cidadania

> A figura de Deus é abolida do espaço social e civilizatório, no estágio de modernização. Deus não mais será entendido como força sobrenatural que se exterioriza através de um domínio absoluto do destino cósmico e humano, mas como produto da própria vontade e presente na construção humana. Deixa de ser compreendido como uma espécie de entidade autônoma. Será reduzido a ideia e conceito de mera produção da mente humana. (Siqueira, 2000, p. 9)

As distorções tomam formas mercadológicas, a fé gera um mercado, um ambiente capitalista é construído nos redutos religiosos. O mercado econômico-financeiro ultrapassa as barreiras da fé e passa a exercer um fascínio entre os "fiéis".

> Franz Hinkelammert e Hugo Asmann afirmam que a "idolatria do templo" são os shopping centers. O novo discurso é marcado pela competitividade (competição) e pelo individualismo, assim como o projeto de vida e ascensão social a qualquer custo.
>
> O cotidiano das cidades, especialmente dos grandes centros urbanos, tem uma expectativa pela presença do sagrado. Homens, mulheres, crianças, jovens e idosos, pertencentes às diversas classes sociais, estão experimentando, no dia a dia das cidades, a solidão, o stress, a depressão e síndromes que comprovam a incapacidade do ser humano de viver sua humanidade de forma plena. As cidades são espaços desumanos. Numa desenfreada busca por humanidade, o indivíduo se torna animalesco, perde-se em seus próprios conflitos e se deixa contagiar por alucinantes propostas religiosas.
>
> Num contexto como esse, cabe uma proposta libertadora que alcance o indivíduo em todos os aspectos existenciais. Não seria inadequado dizer que é preciso uma "libertação" (romper com determinados paradigmas) dessas religiões que não conduzem à Deus, que cumprem um papel manipulador e não colocam em prática os ensinos de Jesus; que não estão voltadas para a verdadeira libertação em todos os sentidos,

como se propõe no "evangelho integral" (O Evangelho Todo, para o ser humano Todo a Todo tempo). (Bezerra, 2017, p. 127)

Em uma desenfreada busca por sua humanidade, o indivíduo se torna animalesco, perde-se nos próprios conflitos e deixa-se contagiar por alucinantes propostas religiosas. O povo não tem senso crítico, não sabe filtrar o que é divino e o que é humano. Na busca alucinada para resolver suas crises, pesquisa em todas as frentes as soluções para seus problemas.

Fiéis: denominação usada para membros de determinadas comunidades religiosas. A nomenclatura sugere voluntariedade financeira, desprendimento para o serviço e uma fé cega. Mistura-se uma forte ênfase na idolatria humana.

6.3.2 Uma sociedade libertadora

Em um contexto como o atual, cabe uma proposta libertadora que possa alcançar o indivíduo em todos os aspectos existenciais. Não seria forçado dizer que precisamos de uma "libertação" (romper com determinados paradigmas) até mesmo de uma religião que não conduz a Deus, e sim ao mercado. Esta cumpre um papel manipulador e não coloca em prática os postulados de Jesus, voltados para a libertação em todos os sentidos, como propõe o evangelho integral, o evangelho todo, para todo homem e mulher a todo o tempo.

A mistura de raças tem origem na formação do povo. Brancos, negros e indígenas resultaram de uma interação humana e cultural que deve ser considerada. Alguns estudiosos defendem a tese de que a falta de avanço das sociedades latinas se deve ao fato de ter havido mistura de raças, divergindo das raças da América do Norte, que não se misturaram, gerando preconceitos raciais acentuados.

Caminhando para uma teologia da cidadania

No contexto latino-americano, vivemos em um continente com aproximadamente 500 milhões de habitantes e, desse grupo, cerca de 70% são pobres. Assim, não podemos negligenciar de forma nenhuma as necessidades de nosso povo. O povo é pobre, inculto, de fracos valores éticos e morais. "Che Guevara dizia que o subdesenvolvimento é um anão de cabeça enorme e barriga inchada: suas pernas débeis e seus braços curtos não se harmonizavam com o resto do corpo" (Galeano, 1985, p. 90).

A exploração tem sido uma marca entre o povo latino desde suas origens. A terra rica e produtiva despertou os olhos do mundo no sentido de aproveitar suas riquezas. O povo pobre e subdesenvolvido não tinha como avaliar o tipo de saque que estava sofrendo. A Espanha foi uma grande exploradora das riquezas da América, como explica Galeano:

> Entre 1503 e 1660, chegaram ao porto de San Lúcar de Barrameda 185 mil quilos de ouro e 16 milhões de quilos de prata. A prata transportada para a Espanha em pouco mais de um século e meio excedia três vezes o total das reservas europeias. E é preciso levar em conta que essas cifras oficiais são sempre minimizadas. Os metais arrebatados aos novos domínios coloniais estimularam o desenvolvimento europeu, e pode-se mesmo dizer que o tornaram possível. (Galeano, 1985, p. 90)

No passado, a influência externa criou um modo de vida que precisa ser tirado do povo latino-americano. É necessário encontrar um caminho e achar alternativas libertadoras. Nesse ponto, entram o Evangelho e a ação da sociedade. O Evangelho tem poder para resgatar o homem do pecado e de suas heranças. O Evangelho liberta. A proposta de Jesus é libertadora e transcende os pressupostos herdados de uma ação subjugadora.

Além das condições nas quais a vida é dada ao homem na terra e, a partir delas, os homens constantemente criam as suas próprias condições que, a despeito de sua variabilidade e sua origem humana, possuem a mesma força condicionante das coisas naturais. Nesse contexto filosófico, as culturas são estabelecidas e perpetuadas entre os povos, e não foge à regra o povo latino. O que quer que toque a vida humana, ou entre em duradoura relação com ela, assume imediatamente o caráter de condição da existência humana. Tudo que adentra o mundo humano, ou para ele é trazido pelo esforço humano, torna-se parte da condição humana. A objetividade do mundo – o seu caráter de coisa ou objeto – e a condição humana do mundo complementam-se uma à outra. Por ser uma existência condicionada, a existência humana seria impossível sem as coisas, e estas seriam um amontoado de artigos incoerentes, um não mundo, se esses artigos não fossem condicionantes da existência humana.
(Arendt, 1989, p. 23)

Podemos afirmar, nesse sentido, que a exploração passa a ser uma condição difícil de ser alterada sem que haja uma proposta forte e alternativa que afete o indivíduo em seus mais elevados valores, demonstrando que, se preciso for, dará a própria vida para que experimente a libertação e viva um ideal ainda mais elevado. Nesse aspecto, a força do Evangelho de Jesus Cristo deve ser apresentada por meio de uma sociedade séria e coerente, uma pastoral que leve em conta o serviço, que esteja comprometida com os valores do Evangelho e que tenha como proposta a missão integral – uma ação pastoral que consiga superar a história passada e apresentar caminhos para uma história futura.

A lógica colonialista anglo-saxônica consistiu em depreciar a cultura dos povos colonizados. Segundo essa lógica, modernizar o mundo significava retirar qualquer resquício de envolvimento mitológico, através do

Caminhando para uma teologia da cidadania

espírito da razão, da ciência e do progresso. Contudo, não seriam essas novas categorias míticas?

Encontramos, ainda, nos escritos positivistas de Comte, uma tentativa de superação da etapa mítica, presente na clássica teoria dos **três estágios de progresso da humanidade**.

De acordo com essa teoria, o primeiro estágio é o que se refere, especificamente, ao mito, Deus e religião, considerados estágios primários de qualquer civilização. Esse estágio – teológico – é simbolizado pela ignorância e pelo temor às forças sobrenaturais. (Siqueira, 2000, p. 6, grifo do original)

A compreensão conceitual do mundo e do modo de vida das pessoas passa pela sociedade e pela religião; as várias fases e ciclos existenciais se apresentam de acordo com o contexto social em que as pessoas estão inseridas. O ser humano civilizado, vivendo em seu espaço de tempo, acaba se tornando um agente de transformação.

Mito [interpretação primitiva da origem do mundo], Deus, e religião são considerados estágios primários (teológico) de qualquer civilização. É o estágio da ignorância e do temor as forças sobrenaturais.

O segundo estágio, é o denominado estágio teleológico – refere-se à natureza e é ligado à origem da vida no próprio cosmos. Por fim, o terceiro e último estágio, dito positivo, é aquele que se associa à ciência enquanto verdade empírica da realidade e, nele, se destaca o conteúdo positivo.

Todavia, a história contemporânea comprova, quase diariamente, que o "homos ocidentallis" não logrou êxito civilizacional, a despeito de sua insistência em classificar o mito como categoria primitiva. Assim, o único mérito presente na autocrítica da modernidade, foi o estabelecimento de uma nova interpretação da subjetividade, menos etnocêntrica e menos dualística.

A partir do surgimento das escolas críticas e fenomenológicas, no início deste século, o conceito de mito sofreu um processo de desconstrução.

Observa-se que com o estabelecimento da ideia de civilização, erigida e fundamentada na teoria do progresso humano e fortemente dominada pela técnica, o mito passou a assumir novas formas simbólicas. A tentativa de delimitar e emprestar o caráter essencialmente técnico à história, que compreendia a negação, pura e simples, de toda e qualquer experiência não comprovável pela ciência positiva, fracassou. Sabemos que um dos referenciais da crise em se debate a modernidade é, exatamente, a sua incapacidade de superar, pela racionalidade e cientificidade, a experiência humana do tempo interior e das coisas. O tempo do indivíduo e o tempo da realidade jamais podem ser objeto de apropriação ou de manipulação absoluta. (Siqueira, 2000, p. 6-7)

Para pensarmos na atuação de Deus entre os homens, não podemos negar o aspecto sobrenatural e místico. Deus age de formas milagrosas, que ultrapassam os limites do natural. A salvação cristã depende de fé. Esses conceitos se constroem no campo do sobrenatural.

Uma proposta de sociedade relevante não pode deixar de levar em conta essas questões, destacando-se alguns aspectos práticos, como falta de alfabetização do povo, superstição, ignorância e um atraso generalizado quando comparado com as nações em desenvolvimento. Cavalcanti (2000) defende que temos uma lacuna de conhecimento ético na América Latina. Ele afirma que não podemos implementar o reino de Deus por nós mesmos. O reino de Deus deve seguir os padrões de seu criador, e não os nossos, humanos, falhos e limitados. Nossa tradição é de uma ética individualista e moralista para pequenas relações, o que se traduz em um legalismo negativista. Atribuímos um sentido moral àquilo que nos interessa.

Falta uma construção para uma ética mais abrangente que envolva empresa, Estado e outros atores sociais. Uma ética pela qual os cristãos sejam julgados por aquilo que afirmam e fazem, e não por aquilo que deixam de fazer, evitando-se um comportamento cristão para pequenas relações e um mundano para as relações maiores da vida humana. Esse tem sido o procedimento de muitos com relação aos pressupostos éticos. Faz-se uma separação complicada para entender o sobrenatural e o natural, o espiritual e o natural. Nessa construção, esquecemos que somos seres integrais (corpo, alma e espírito). Não podemos dividir a existência humana em determinados segmentos. Existimos e interagimos sob uma integralidade constituída por Deus para que possamos exercer, sem conflito, todas as faculdades humanas.

6.4 A sociedade e a teologia

Na tentativa de levantar tais questões na América Latina, surgiu o que passou a ser chamado de *teologia da libertação*, que pode ser caracterizada da seguinte maneira:

> *A teologia da Libertação efervesceu nos anos 60 por todo o mundo católico latino-americano. Diante da miséria, do sistema semifeudal da economia e do profundo distanciamento do clero das bases, teólogos católicos formularam uma concepção de sociedade que nascesse a partir das aspirações de sua base. Usando o socialismo como alvo e o marxismo como ferramenta de análise da sociedade, essa teologia tornou-se a principal corrente de pensamento teológico, influenciando a grande maioria dos centro de reflexão crítica religiosa da América Latina"* (Movimento Encontrão, 1986, p. 140)
>
> *De onde vem a fórmula da "teologia da Libertação"? A palavra libertação pertence ao léxico político da época: movimento de libertação nacional. "Tanto o Brasil como vários países da América Latina estão imersos numa ditadura avassaladora, que tira todo tipo de iniciativa voltada*

para a liberdade do povo. Depois aparece no léxico econômico com o par dependência/libertação. Emerge também [...] no léxico pedagógico. Ora, eis que ela surge no discurso teológico e torna-se sua fórmula principal. A expressão "teologia da libertação" aparece em 1968, surge de dois léxicos, religião e opressão. (Movimento Encontrão, 1986, p. 21)

Com uma leitura contextual, homens e mulheres se dispuseram a pensar a teologia. Exploração, pobreza, falta de educação, sofrimento e misticismo. Essa América sofrida gera um pensamento real e que transcende o místico – a ação do povo de Deus em favor de um povo que sofre.

Em junho de 1968, Gustavo Gutierrez faz um pronunciamento numa conferência em Chimbote (Peru). O título era: Teologia de Libertação. O contexto imediato era sobre a morte de Camilo Torres na guerrilha colombiana em fevereiro de 1966. Gutierrez conheceu bem Camilo em Louvain. Ele estava longe de compartilhar seu radicalismo. Há também a preparação da conferência de Medellín (24 de agosto – 6 de setembro de 1968). O documento preparatório "Estrutura Social da Sociedade" é redigido por Gutierrez. Gustavo Gutierrez é conhecido como um dos pais da teologia da libertação, é um padre diocesano peruano. Ele fez seus estudos em Louvain e Lyon. Em Louvain, desenvolve-se, nessa época, uma corrente que, Francois Houtart insiste no "uso da sociologia no processo de reflexão teológica". Essa versão vai estender-se por toda a América Latina, onde se abrem centros de sociologia religiosa. "A meditação sociocrítica", cara da teologia da Libertação, inscreve-se nessa linha, despojando-se ao mesmo tempo, de seu positivismo ingênuo. (Movimento Encontrão, 1986, p. 19)

No decorrer da história, temos uma participação marcante que deve ser mencionada: em 1968, Rubem Alves, um teólogo protestante brasileiro, apresentou, em Princeton, sua tese de doutorado

Caminhando para uma teologia da cidadania

com o título: *Toward a Theology of Liberation* (Para uma teologia da libertação, em tradução livre). O trabalho foi publicado no ano seguinte, e o editor decidiu mudar o título para *A Theology of Human Hope*, depois traduzida como *Teologia da esperança*. Nesse caso, é forte a influência dos teólogos reformados Jürgen Moltmann e Karl Barth, a qual marca a teologia da libertação de forma subterrânea, pois, apesar do ecumenismo, esta se mostra habitualmente como católica e de órbita neoliberal.

Nesse período, "o protestantismo sofreu imensa influência de escritores como Gustavo Gutierrez, Leonardo Boff e Hugo Assman" (Corten, 1996, p. 37). Esses autores são considerados pelos centros intelectuais como os pais da teologia da libertação. Escreveram vários livros e ensaios que têm sido usados por muitas escolas e estudiosos.

> "O pobre, diz Libânio, é o centro da reflexão, a preocupação principal e aquilo em que afinal se move toda a teologia [da libertação]". Mesmo se a teologia da Libertação não chega a atingir o pobre, em todo caso o mais pobre é o destinatário do seu discurso. Como exprime o título de um livro recente: *Deus, Eu Vi a Miséria do Meu Povo*. O pobre é aquele em cujo clamor se ouve o lamento, a voz do "inumano". Aquele que não se pode ouvir. Somente sentindo a sua dor é que se pode conceber a libertação. Apenas passando pela sua desolação é que pode nascer a esperança. Vemos o quanto à liberação do seu genérico passa por um longo percurso, não parecendo em nada com o percurso linear do progresso. Em termos religiosos: a cruz, a ressurreição. (Corten, 1996, p. 37)

Pode-se entender que "Os teólogos da libertação criaram uma sede religiosa, mas não conseguiram saciá-la" (Movimento Encontrão, 1986, p. 21). E assim o movimento pentecostal cresceu no rastro desse vácuo espiritual que as comunidades eclesiais deixaram. Tanto o discurso como a militância da teologia da libertação tornaram-se tão distantes do povo (mesmo afirmando que eram para o povo) que geraram, na maioria religiosa, uma expectativa exagerada pelo sagrado. Nesse vazio, surgiram os movimentos ultrapentecostais.

6.4.1 O poder para servir

Na situação conceitual que descrevemos até o momento, surge a principal variável desta reflexão: o poder. Parafraseando Kant, poderíamos afirmar: "O poder é chamado ao serviço, mas inclinado à dominação". Esse é seu paradoxo e seu drama. A raiz disso é que a potência busca a onipotência. Esse é o dinamismo autoexpansivo do poder, exposto de modo muito realista por Hobbes no *Leviatã*: "O poder quer sempre poder e mais poder".

> *É o que se chama hoje o "lado demoníaco" do poder, lado esse recebido desde sempre, mas posto à luz mais recentemente, depois da experiência histórica dos vários totalitarismos (de Jouvenel, Meinecke, Ritter, Tillich, etc.). A teologia não vê nessa dinâmica interna do poder algo de sua estrutura criacional, mas de sua estrutura histórico-concreta. A fonte da "lógica demoníaca" do poder se encontra no próprio ser humano em sua situação pós-lapsária. De fato, porque "vulnerada pelo pecado", a pessoa humana é incapaz de integrar totalmente suas pulsões vitais, no caso, a "vontade do poder", a ambição ou* libido dominandi *(Agostinho). A "tentação do poder" pertence à experiência cotidiana. Exprime-se na expressão: "O poder subiu-lhe à cabeça". É a tragédia de todo poder despótico. Pois nenhum poderoso faz o que quer. Encontra sempre pela frente outro poder, nem que seja a dignidade do mártir. A* martyria *faz frente a* Hhybris. *À face do Rei, sempre se levanta o profeta, individual ou coletivo.* (Boff, 1982, p. 45)

Nesse contexto, o poder deve ser exercido para atender o fraco e o oprimido e não deve ser praticado ou exercido para si mesmo. Também não deve aproveitar a ignorância ou os valores distorcidos para manipular, exercer ou estimular o fascínio dos desprovidos de capacitação intelectual para fazer uma análise crítica dos modelos apresentados.

Em detrimento dessa situação, surgem, como proposta, os conceitos do Evangelho – Marcos 9:33-37; Mateus 18:1-5; Lucas 9:46-48. Mas existe também, e sobretudo, o exemplo do próprio Jesus: "O próprio Filho do Homem não veio para se ser servido" (Bíblia. Marcos 10:45); "Se eu, sendo o Senhor e o Mestre, vos lavei os pés" (Bíblia. João 13:14).

> *O poder-dominação não é poder verdadeiro. "Governar homens não é o mesmo que dominar escravos" (Rousseau) (cf. Mc 10.42; trad. possível: "Os que parecem chefes das nações)". De fato, é como serviço que o poder político foi apresentado na grande tradição antiga, especialmente a representada por Platão e Aristóteles. Aí, o que serve aos interesses do povo merece verdadeiramente o título de rei. O que serve a seus interesses chama-se tirano, e não rei. O evangelho realiza, pois, a* restitutio *ou* reinventio *da verdade primária do poder na sociedade. Mas faz isso sob forma profética, isto é, com um vigor e uma radicalidade que não encontram paralelo na reflexão filosófica antiga. Desse modo, o evangelho só faz radicalizar ao extremo o conceito racional do poder, o que dá à sua mensagem uma eficácia que a filosofia antiga desconhecia.*
> (Boff, 1982, p. 45)

A governança cristã deve ser pautada no serviço, as oportunidades que tivermos para servir a sociedade devem ser para ecoar uma voz daqueles que não têm oportunidade de expressão e talvez nem conheçam os caminhos necessários. O fundamento principal do evangelho deve seguir os pressupostos de Jesus, como Ele mesmo disse: Quem quiser ser o primeiro entre vos deve ser aquele que está disposto a servir.

Os esquemas de pensamentos e de percepção constitutivos da problemática religiosa podem produzir a objetividade que produzem, somente ao produzirem o desconhecimento dos limites do conhecimento que tornam possíveis (isto é, a adesão imediata sob a modalidade da crença, ao mundo da tradição vivido como "mundo natural") e do arbitrário da problemática, um verdadeiro sistema de questão que não é questionado. (Bourdieu, 1987, p. 137)

A história de um povo é a testemunha de seus motivos e valores, a palavra de Deus deve ser uma bússola ética e moral para que os indivíduos sejam pautados na verdade e nos bons costumes, não deve ser ética politica que deve pautar o comportamento dos cristãos, mas sim os princípios bíblicos ensinados nas escrituras sagradas. A pessoa que segue a Jesus, tanto homem quanto a mulher devem seguir os exemplos do Mestre.

Não há futuro nem presente para aqueles que desconhecem e desvalorizam seu passado, renegam ou desvalorizam ou até mesmo espiritualizam os ensinos políticos da Palavra de Deus e a construção teórica e prática de uma ética política, expressão mais abrangente do compromisso ético do convertido. (Movimento Encontrão, 1986, p. 179)

Precisamos de uma sociedade que seja bíblica e relevante e que leve em conta a situação dos sujeitos, entenda as ideologias e filosofias das questões sociais e apresente propostas de ações significativas. O serviço deve vir na frente do poder, o motivo principal é a glória de Deus; os atos decorrentes desses motivos vão beneficiar os sujeitos necessitados e estabelecer fundamentos do reino de Deus na terra.

Caminhando para uma teologia da cidadania

6.4.2 O poder sociedade e os abusos religiosos

Nessa caminhada voltada para o pensar e o construir teologia, após um desvio sociológico, caiu-se em uma postura religiosa ultrassagrada, em que tudo passa a ser controlado por ações de Deus ou do demônio. Abandonam-se a reflexão e até mesmo os pressupostos bíblicos e passa-se a agir pelo mistério e pelo mágico, pela superstição que está entranhada nas raízes do povo latino.

> O antropólogo Everaldo Rocha, no estudo das semelhanças, afirma: "É instrutivo traçar este paralelo, por exemplo, com o mito do fogo dos povos de língua jê do Brasil central. Nessa narrativa, crianças, araras, sapos, cunhados, onças e chefes dialogam, se misturam, são opostos ou aliados, no projeto de conquista do fogo pelos homens. E ali, dentro dos mitos 'primitivos' dos 'selvagens', os animas falam. Mas não são apenas os animais do mundo mítico dos índios Canela, Gavião, Xavante, Bororó, Apinajé, Krikati, Xerente, Krahó ou Caiapó que falam, escutam, participam, ensinam ou comunicam. No mundo da indústria cultural, o tigre da Esso se mistura à gasolina, assim como os cachorros da Tavares escolhe roupas. A curiosa 'galinha azul' dos caldos Maggi perguntou a todos nós 'Quem matou Odete Roitman?', a vilã da novela 'Vale Tudo'. Os nossos animais são conselheiros de compras. Se não nos dão o fogo, como no mito, generosamente nos oferecem comida, como o extrato de tomate do Peixe, o elefante da Cica, o peru da Sadia ou os saudosos porquinhos das Casas da Banha. Um anúncio da Sadia nos aconselha sobre o valor nutricional das carnes brancas do peru. Até aí, nada a estranhar. O ponto é que o conselho – sábio e racional – nós é dado por uma galinha, um porco e um peixe..." (Siqueira, 2000, p. 16)

Um povo que reage por essas nuances estará aberto a uma proposta religiosa forte, abrangente e arrebatadora. É um movimento no mínimo diferente com sinais extraordinários.

De um ponto de vista antropológico, constata-se uma influência afri-
cana, segundo MacRobert, nos "clamores, respostas na forma de antí-
fonas, cantos repetitivos, glossolalia, aplausos, batidas de pés, tripúdios,
saltinhos, balanço do corpo, fazendo cair alternadamente o peso do
corpo sobre um pé e sobre outro, dança e outros gestos, [que] são todos
praticados nas religiões da África Ocidental e da cristandade escrava
e continuam a ser corrente entre os pentecostais negros dos Estados
Unidos, Jamaica e Grã-Bretanha". (Corten, 1996, p. 49)

Essas marcas passam a caracterizar aqueles que são os verda-deiros seguidores de Jesus. Se não exerce essas práticas, o sujeito acaba sendo estigmatizado pelo grupo a que pertence. Ocorre uma inversão. A ética passa a ser construída pelo mágico e por sinais exteriores, não depende de comportamento ou traços de caráter. "Nós, brasileiros, surgimos de um empreendimento colonial que não tinha nenhum propósito de fundar um povo. Queria tão somente gerar lucros empresariais exportáveis, com pródigo desgaste de gentes" (Boff, 1988, p. 13).

A religião, que era para ser o baluarte da verdade, deixou-se levar pelas marcas de consumo de uma sociedade egoísta, explo-radora e sem limites.

Quando analisamos a questão de se desenvolver ou praticar uma sociedade libertadora, ou que retorne ao sagrado em seu estado legítimo, estamos dizendo que não podemos vender o que de mais sagrado foi deixado pelo Senhor Jesus Cristo: "Ama teu próximo como a ti mesmo". Esse é o cerne do cristianismo, a estrutura da religião cristã, que é voltada para cuidar do órfão, do abandonado, da viúva e dos doentes de forma geral.

Caminhando para uma teologia da cidadania

6.4.3 Eclesiologia e a sociedade à luz da Declaração de Quito

Nesse contexto reflexivo que estamos enfocando, em 1992 foi assinada a Declaração de Quito, por ocasião do III Congresso Latino-Americano de Evangelização, realizado na cidade de Quito, no Equador. Uma das primeiras abordagens feitas durante o evento foi a respeito de uma nova geração de evangélicos (Clade III, 1992).

Precisamos conhecer a história, nossa herança, para que possamos traçar rumos eficientes com relação ao futuro. Não podemos nos esquecer de que fomos colonizados; como traço dessa colonização, algumas questões éticas ficaram para trás.

> *Na América, os portugueses, e mais ainda os espanhóis, construíram cidades para afirmar o seu poder, enfrentar as resistências indígenas e manter o império sob as ordens da monarquia. Ainda hoje as cidades mais antigas conservam os monumentos que são testemunhas do seu papel antigo. São cidades monumentais, formadas essencialmente dos palácios e de templos (com os respectivos conventos).* (Comblin, 1984, p. 87)

Para que a pregação do Evangelho seja abrangente e efetiva, devemos conhecer os fatos, para percebermos por que os valores que trazem vantagens para o indivíduo são negociados. Ainda mais, cabe destacarmos um fato do início da história do Brasil, desenvolvida pela exploração religiosa e pela distorção do sagrado.

> *A jornada jesuítica, por assim dizer, tem: Nóbrega, seu obreiro principal, tecnojesuíta sábio e terrível, planeja a colonização do Brasil, a domesticação do gentio selvagem para que ele, depois, o refizesse pio e candoroso. Para a glória de Deus. Para lucros d'el rei. É ele quem faz a cabeça da rapaziada inocente: Anchieta chega aqui com 19 anos; Figueira, o grande língua, aos 18; Chico Pinto, o pajé Amanaiara, tinha 16; Leonardo*

do Vale – também dono da fala – só 15. Engabelados na utopia de Deus, nem suspeitam, temerários, das dificuldades da "empresa ambiciosa de refazer o humano[1]*. Afundam todos no feio ofício de amansadores de índios para a morte ou o cativeiro. Depois, se dando conta, lamentarão por todos os seus anos de velhice envilecida:* com um anzol os converto, com dois eu desconverto, *porque não convertemos ninguém. E choram:* Jamais se cuidou que tanta gente, em tão pouco tempo, se gastara. *E se gastou.* (Boff, 1988, p. 15, grifo do original)

Ora, para que isso fique claro e constitua um sinal eficaz para o mundo, é preciso que a comunidade cristã adote formas radicais de poder-serviço, como:

- o máximo de liberdade, o mínimo de estruturas (cf. Atos 15:28: "nada impor além do necessário");
- a participação mais ampla possível nos processos de decisão, na elaboração das leis, na escolha dos ministros e no exercício do poder em geral (o que supõe a alternância e partilha deste, a responsabilidade em face da base etc.);
- a economia extrema do poder de mando, incluindo a renúncia voluntária a formas ou partes do poder (coisas de grande relevância para o ecumenismo e para a credibilidade da própria fé cristã).

É só assim, agindo como sacramento de serviço, que a sociedade teria também autoridade de falar do poder-serviço para os outros e, além disso, maior chance de ser ouvida (Boff, 1988).

---

1   Em sua maneira de ver, os índios tinham perdido características de sua humanidade. Trazê-los para a religião de Roma e torná-los súditos do rei de Portugal era uma forma, por assim dizer, de humanizar novamente o índio.

Caminhando para uma teologia da cidadania

Esses fatos não têm sido apresentados pelos evangélicos na história, em uma luta desenfreada contra o catolicismo, mas no sentido proselitista e não comprometido com os valores do reino de Deus. O homem deve tentar, pelos próprios meios, recuperar o homem. O perigo que líderes de sociedade correm quando buscam beneficiar-se de modelos funcionais é que podem facilmente negligenciar a importância do caráter espiritual do processo.

> *A utopia de Jesus, de uma comunidade fraternal, de todos irmãos e irmãs, sem divisões e títulos (cf. Mt 23.8s), é substituída pela mecânica do poder centralizado no clero que garante até o final dos tempos a reprodução dos instrumentos de salvação. O sonho de Jesus, porém, não morre. Transmigrará para os movimentos espiritualistas, monacais, mendicantes e, de modo geral, para a vida religiosa. Nestas instâncias se procurará o poder como serviço participativo, reinará uma democracia interna e as relações são igualitárias e fraternas.* (Boff, 1988, p. 59)

O *Guiness Book* (citado por Horton, 1998) adverte que os movimentos gerenciais e terapêuticos são as duas forças culturais mais poderosas que têm sido aceitas, indiscriminadamente, pela sociedade.

> *O evangelho é confrontador por sua própria natureza. Qualquer exposição do evangelho que não apresente um desafio ao incrédulo, para uma conversão radical de pensamento e atitude na direção de Deus e sua obra redentora em Cristo, não é o mesmo evangelho pregado nas páginas do Novo Testamento! Hoje, pessoas podem ser membros de sociedades evangélicas, felizes e saudáveis, sem ter jamais de encarar a Deus, que se torna nada mais que um "amigão", um Salvador que nada mais é do que um exemplo, e um Espírito Santo que não é mais do que uma fonte de poder. Tudo isso pode existir sem fé, sem arrependimento e sem, na verdade, conversão.* (Horton, 1998, p. 25)

O modo de vida proposto por Jesus através do Evangelho confronta o modo de vida da sociedade, principalmente com seus pressupostos cristãos; por sua vez a sociedade reage fortemente contra a religião, argumentando que os sujeitos devem ter liberdade para suas escolhas e não é possível a interferência de qualquer filosofia ou ideologia. Deve se destacar o fato de que o cristianismo apresenta e propõe o livre arbítrio cada sujeitos é responsável ética e moralmente por seus atos.

> *Por essa via, prepara a transformação da analogia sincrética, fundamento do pensamento mágico-mítico, em analogia racional e consciente de seus princípios, e até mesmo em silogismo. A autonomia do campo religioso afirma-se na tendência dos especialistas de fecharem-se na referência autárquica ao saber religioso já acumulado e no esoterismo de uma produção quase acumulativa de início destinada aos produtores.*
> (Bourdieu, 1984, p. 38)

É preciso criar instrumentos de conscientização dos valores cristãos e, para isso, devem prevalecer o cristianismo, o testemunho cristão, o anúncio em peças publicitárias, a pregação nos púlpitos. É possível anunciar com clareza, autoridade e coerência que se pode viver uma vida honesta, sincera e franca, mesmo em um contexto que muitas vezes não favorece a honestidade. Alguns até afirmam que é mais fácil viver uma vida desonesta do que honesta em determinados países do continente latino-americano.

O sujeito pós-moderno vive uma realidade de fuga, sem se encontrar consigo mesmo, e, no caminho dos grandes acontecimentos televisivos, desemboca na religião. É necessário mudar esse quadro. Um dos caminhos, por assim dizer, libertador (pensando-se em solução) é a construção de uma sociedade efetiva e contextualizada. Carecemos de homens e mulheres verdadeiramente comprometidos com os valores do Evangelho, que possam servir de

Caminhando para uma teologia da cidadania

exemplo para aqueles que não enxergam sinais de honestidade e vivem de tal forma que apenas sobrevivem.

> *Seguem alguns dados levantados por Leonardo Boff que, apesar de não serem atuais, refletem um pouco dessa realidade. Atrás desses brados proféticos, se esconde o drama, no caso brasileiro, de 75% da população que vivem em situação de marginalidade relativa, e de 43% condenados a sobreviver apenas com um salário mínimo. Como dizia o operário de Vila Penteado, SP, Manoel Paulo da Silva: "O que ganho é tão pouco que só dá para dizer que ainda estou vivo". E a mulher dele, Helena Gomes da Silva, completava: "Isto aqui não é vida pra ninguém". Não admira que 40% dos brasileiros vivam, trabalhem e durmam com fome crônica; que haja 10 milhões de deficientes mentais, 8 milhões atacados de esquistossomose, 6 milhões com malária, 650 mil são tuberculosos e 25 mil, leprosos.* (Boff, 1982, p. 71)

Podemos até dizer que nos acostumamos com nossa pequenez, que nos enquadramos de acordo com as orientações do mercado. Precisamos de uma sociedade abrangente e relevante, que ajude o indivíduo a desenvolver sua capacidade de criar, a ter esperança em um contexto desesperançado, a propor objetivos e propósitos grandes, como ampla deve ser a fé de um cristão. Essa diferença será construída com homens e mulheres comprometidos com os valores do reino de Deus.

Nessa situação,

> *Não nos faltam vontade e determinação; falta-nos grandeza de objetivos que espelhem o tamanho de nosso poder de agir e iniciar o novo. De tanto querer pouco, acabamos por medir o esforço da busca pela insignificância do que é buscado. Usamos a potência da vontade humana para atingir propósitos mesquinhos, assim como o insensato que resolvesse acender holofotes para procurar alfinetes na escuridão. Temos apenas metas bem aquém de nosso poder de criar.* (Costa, 2001, p. 4)

Quando dizemos que a diferença acontecerá por meio da sociedade (o agir de Deus no mundo, modelado em Cristo Jesus), pressupomos que não podemos depender das estruturas governamentais ou até mesmo religiosas para mudar esse quadro.

Precisamos reler os princípios fundamentais da missão no Novo Testamento. Necessitamos de um currículo em que a parte bíblica se fortaleça. Lembremo-nos de que as Epístolas não foram escritas como manuais de teologia sistemática para satisfazer professores ortodoxos, professores eruditos, mas como resposta às situações pastorais e missionárias das sociedades nascentes. (Movimento Encontrão, 1996, p. 49)

O ponto de partida ocorre na formação das lideranças evangélicas contemporâneas, homens e mulheres que optem por uma sociedade integral com vistas a uma libertação da religião das estruturas opressoras (governo, estruturas religiosas, modos coercivos de exercer a devoção).

Robson Cavalcanti afirma que não há futuro nem presente para aqueles que desconhecem e desvalorizam seu passado, renegam ou desvalorizam ou até mesmo espiritualizam os ensinos políticos da palavra de Deus, e a construção teórica e a prática de uma ética política de expressão mais abrangente do compromisso ético do convertido. (Bezerra, 2017, p. 132)

Não podemos espiritualizar o que não é espiritual, não podemos trocar os valores do reino de Deus por planos humanos e egoístas. Precisamos avaliar e descobrir que os princípios de Deus são coerentes com os principais aspectos da existência humana. Os valores do reino de Deus são totalmente aplicáveis e cabíveis em qualquer sociedade.

Durkheim encaminha-se neste sentido mas sem tirar quaisquer consequências pois seu objetivo não é esse quando quer distinguir as "religiões primitivas" das "religiões complexas" caracterizadas pelo "choque das

Caminhando para uma teologia da cidadania

teologias, as variações dos rituais, a multiplicidades dos grupos, a diversidade dos indivíduos". "Por exemplo, tomemos certas religiões, como as do Egito, da Índia ou da antiguidade clássica. É uma barafunda obscura de cultos múltiplos, variáveis segundo as localidades, os templos, as gerações, as dinastias, as invasões etc. **As superstições populares estão misturadas aos dogmas mais refinados. Nem o pensamento nem a atividade religiosa encontram-se igualmente distribuídos entre a massa de fiéis. Conforme os homens, os meios, as circunstâncias, tanto as crenças como os ritos são percebidos de maneiras diferentes.** *Aqui encontramos padres, naquela parte monges e, mais longe, leigos. Há místicos e racionalistas, teólogos e profetas etc.".* (Bourdieu, 1987, p. 41, grifo do original)

Deus nos preza e tem zelado para que andemos de acordo com seus princípios. Cabe a nós, que os temos descoberto e praticado, promulgar tais princípios com muita força e eficácia. Para isso, contamos com a ajuda do Espírito Santo de Deus e o poder vigorante de sua palavra.

Não podemos negar os fatores positivos que os missionários estrangeiros trouxeram para o continente latino. Mostraram muito trabalho e disposição de vencer. Trouxeram consigo força e ânimo tamanhos que contagiaram muitos do continente e, desse modo, aprimoraram-se sociedades com valores que antes estavam sendo negligenciados. Por exemplo, no contexto brasileiro, podemos afirmar que, em algumas partes geográficas do país, os estadunidenses e os europeus tiveram papel preponderante para seu desenvolvimento social, industrial e até mesmo evangelístico, no sentido mais amplo da palavra. Por esse lado, podemos concluir que o papel missionário foi bom.

Também devemos observar o lado negativo, que foi o fator da dependência. Criou-se uma sociedade dependente dos grandes países. Dinheiro, pessoal, teologia – quase tudo vinha de fora. Era comum, no retorno das férias, o missionário trazer grandes novidades da América e da Europa. E assim a sociedade local ia perdendo sua identidade e descaracterizando-se cada vez mais. O perigo de perdemos nossa identidade chegou a tal ponto que, em Quito, comentou-se: "Como evangélicos, precisamos voltar a valorizar nossas raízes indígenas, africanas, mestiças, europeias, asiáticas e crioulas, e considerar a pluralidade de culturas e raças que tem contribuído para nos enriquecer" (Declaração de Quito, 1992, p. 68).

A sociedade latina é formada por um povo que apresenta e desenvolve seu jeito típico de manifestar sua adoração a Deus. Esse grupo se expressa de maneira peculiar, com muito brejeirismo, muito tupiniquim, muito do improviso latino, da alegria contagiante, da forma barulhenta e do calor do povo durante as reuniões. O latino grita, chora, clama, emociona-se, adora do seu jeito e tem um profundo respeito pelo místico e pelos assuntos relacionados com a religião. Falam assim: "Eu sou da religião, sigo a Cristo, faço parte do grupo dos crentes". Essas são afirmações latinas que fazem parte do seu contexto e expressão de vida.

Sociólogos sugerem que, em uma sociedade complexa, é preciso complexificar-se internamente.

> *Complexidade indica que na sociedade contemporânea se reduziu pela necessidade ou pelo costume, e que, do outro lado, se amplia um espaço de indeterminação, ou seja, de liberdade, [...] há também a disponibilidade para a vida social de mais instrumentos de intervenção face aos desafios do ambiente, físico ou humano, que se torna sempre mais heterogeneamente relativo em relação aos sistemas sociais. Complexidade é também crescimento de autonomias internas na organização social.*
> (Movimento Encontrão, 1994, p. 95)

A contribuição missionária foi significativa, mas não pode influenciar negativamente. Temos de conhecer nossa história para podermos transmitir nossa cultura para as próximas gerações e dar-lhe continuidade, aperfeiçoados com os princípios e valores do reino Deus.

> *Uma ação sociedade significativa deve levar em conta essas nuances. Precisa ser expressão de uma compreensão da fé e da sociedade no contexto pluralista e diversificado da realidade de hoje. Ela parte do entusiasmo pela missão, de uma "consciência missionária" viva, mas deve ter seu momento de racionalidade para organizar as ações frente à complexidade dos desafios no mundo e a compreensão da sociedade.* (Movimento Encontrão, 1994, p. 105)

Há elementos objetivos que orientam a ação da sociedade, sem voluntarismo, que excluem pessoas e grupos, mas que também são capazes de manter uma coerência básica com as opções de fundo da sociedade particular. Não é o caso agora de explicitarmos tudo o que podemos fazer.

> *Num terceiro aspecto, o desafio da Igreja é se tornar visível na sociedade, ou seja, articular uma presença pública da igreja perante o povo, não mais nos moldes da cristandade, que era baseada na tutela da sociedade, na relação ambígua com o poder, mas decididamente baseada no testemunho profético de que ela é capaz e pela sua radicação no Evangelho de Jesus Cristo. Dessa forma, a articulação pastoral midiática cumprirá seu papel: que a igreja, como comunidade viva, deve ser reconhecida como sinal do Reino de Deus. Noutros termos: a articulação pastoral como expressão institucional da Igreja está a serviço da Igreja enquanto acontecimento libertador, gerador de vida e esperança para a sociedade.* (Bezerra, 2017, p. 163)

Outra questão que se levantou em Quito é esta: como sociedade latino-americana, confessamos que temos nos identificado mais com os valores culturais de fora do que com aqueles autenticamente nossos (Movimento Encontrão, 1986).

Temos uma grande responsabilidade com relação às futuras gerações: conservar nossa identidade, consolidar os valores do reino de Deus em nossa família e em nossa nação. A sociedade tem essa responsabilidade de ajudar o sujeito latino-americano a firmar sua identidade, a fortalecer sua autoestima e a encontrar espaços em que possa servir seus irmãos.

Pela graça de Deus, podemos nos reencontrar com o mundo sem complexos nem vergonhas, com nossa identidade cultural e evangélica como povo de Deus.

> *A modernidade pensa o homem como liberdade, como autor do próprio destino. O que faz o homem é exatamente a cultura, isto é, esse "distanciamento" com relação ao "funcionamento" do mundo objetivo que lhe permite apropriar-se dele subjetivamente, de maneira criadora, transformadora. Ele impõe à natureza uma "ordem humana", cultural.* (Movimento Encontrão, 1994, p. 29)

"Essa concepção de mundo vai dar coerência e sentido a uma vida que, de outra forma, aparecia como conjunto de atos descontínuos, desligados entre si, fragmentados, incoerentes" (Movimento Encontrão, 1994, p. 66). Nesse contexto, o cidadão latino tem suas raízes fundamentadas em uma situação totalmente contrária a essas e com muita dificuldade para assimilar tudo aquilo que outros estão construindo para que ele possa exercer papéis determinados.

> *Uma visão global pode classificar os protestantes latinos em duas vertentes principais: os protestantes de transplantes, que surgem do trabalho missionário, e os variados grupos "autóctones", que se multiplicam*

Caminhando para uma teologia da cidadania

por iniciativa e dinamismo próprios, como a maioria dos pentecostais. Apesar de muitas diferenças, quase todos os grupos protestantes trouxeram à América Latina um tipo de fé peculiar. É uma fé nascida e forjada, não no centro do poder das sociedades oficiais norte-atlânticas, nem no momento político e religioso da época, mas, sim, na periferia, entre os paroquianos comuns e vizinhos, muitas vezes entre os marginalizados, os despojados, os migrantes. Desse modo, tanto metodistas como anabatistas, as sociedades de avivamento e santidade, as sociedades livres e o movimento pentecostal, introduziram na região, junto com a mensagem de salvação, uma experiência internalizada e acumulada de voluntariado leigo de comunidades entusiastas e participativas e também os símbolos do progresso da democracia e da igualdade. (Movimento Encontrão, 1996, p. 120)

Precisamos acreditar que desenvolvemos o suficiente para valorizar nosso povo, nossas crenças, desde que em harmonia com a palavra de Deus. Precisamos criar espaços existenciais para que o sujeito possa ser ele mesmo, sem ter de copiar ou reproduzir modelos externos. Devemos criar um novo código de condutas legítimas, mobilizar o máximo de energia, fazer compreender e agir e simultaneamente combater as prevenções adversas, inibir os sonhos utópicos de ontem, proporcionar qualquer forma substitutiva para as decepções unidas ao próprio sucesso da ação revolucionária.

Cabe à ideologia política preencher essas múltiplas funções nessa situação historicamente decisiva, ideologia que deverá legitimar as novas instituições pela legitimação, estabelecer relações simbólicas de identificação entre os governados e governantes, fazer com que um aceite o seu lugar e seus limites na vida coletiva. Essas práticas conformes só podem ser obtidas pelo enunciado de novos princípios de ação, pela proclamação da justa doutrina, numa palavra, pela tentativa de criação de uma nova ortodoxia. (Ansart, 1978, p. 134)

Nossa postura deve ser a de entender qual é a hermenêutica de Deus para o povo e, com base nessa interpretação, contribuir para o avanço de seu reino. O cidadão latino tem uma identidade peculiar, e não podemos trocar ou apresentar para o mundo uma interpretação bíblica deformada só para tentar agradar outros povos ou dar a impressão de que somos parte de um mundo desenvolvido.

O povo latino-americano pode ser usado por Deus com muita eficácia a partir do momento em que encarar suas origens e, de acordo com a palavra, traçar um procedimento que venha a contribuir com o reino. Deve testemunhar e declarar para todos que o mesmo Deus que transforma lá fora age aqui também em nossa cultura, nossa sociedade e nos indivíduos comprometidos com ele. A formação tanto espiritual como intelectual acontece por meio de um compromisso, com Deus e consigo mesmo, de perceber a necessidade. "Afirmar nossa identidade evangélica implica reafirmar nosso compromisso com a herança da Reforma. Não significa assumir uma postura acrítica a respeito de nossa tradição, doutrinas ou missiologia" (Declaração..., 1992, p. 68).

A Reforma tem muito a nos ensinar. O primeiro aspecto que podemos mencionar é a coragem; coragem para acreditar na palavra de Deus mesmo em detrimento de certas vantagens pessoais; coragem para se levantar contra o mais forte; coragem para crer, exercer fé naquilo que Deus tem falado, mesmo quando o exercício não é majoritário. Um forte exemplo que temos da Reforma é a dedicação e o estudo da palavra de Deus. Não temos autoridade para afirmar ou fazer teologia baseados naquilo que Deus não disse. Fazer teologia é entender a mensagem de Deus para nosso povo em nosso tempo e com aplicações que resultem em sua glória. Deus sempre é e deve ser glorificado.

Na época da Reforma, os homens se voltaram àquilo que Deus tinha falado para seu tempo. A mensagem estava destinada aos

Caminhando para uma teologia da cidadania

interesses da sociedade, e não aos interesses de Deus. Para todas as gerações da existência humana, a mensagem de Deus resulta na salvação de todo aquele que crê. Quando o homem rejeita a salvação que vem da parte de Deus, através de seu Filho Jesus, ele se volta para si mesmo, não aceitando os valores apresentados por Deus por meio de sua palavra.

A Reforma nos ensina que Deus tem poder para intervir e mudar a história quando homens e mulheres acreditam em sua palavra e declaram isso com poder e autoridade a todos aqueles que creem. Quem crê recebe o impacto da palavra. O mundo nunca mais foi o mesmo a partir do momento em que Lutero declarou com ousadia suas teses. Quando pensamos nelas, vemos a declaração de que Deus deve ser exaltado e que o homem, na verdade, depende de Deus para tudo.

Após os primeiros passos dados por Lutero, a fim de resgatar a devoção e conclamar a sociedade e o povo a voltar-se para Deus, o mundo parou, pensou e alguns concordaram que Deus deveria, mesmo, ser exaltado. E outros continuaram servindo à sociedade como instituição. Como tal, a sociedade deve seguir as normas de Deus, e não as de homens.

Pensando na sociedade latina, podemos dizer que precisamos de coragem para romper com o pecado. Necessitamos de coragem para dizer que Jesus Cristo é o senhor, para declarar que Deus está agindo no meio de seu povo e que dessas partes do mundo Deus pode levantar líderes comprometidos com a verdade e dispostos a anunciar que Jesus é o senhor de todo aquele que crê. Precisamos de dedicação e estudo da palavra de Deus.

Nunca teremos uma teologia bíblica que não seja inspirada por Deus. Quando pensamos em teologia, Deus vem em primeiro plano; o homem vem depois. Temos cometido erros teológicos em nosso contexto, em virtude do fato de termos desenvolvido uma teologia para resolver o problema do homem esquecendo o que Deus pensa do homem.

Não se desenvolve teologia para resolver necessidades humanas, mas, pelo fato de conhecermos Deus como Ele verdadeiramente é, poderemos descobrir alternativas que resolvam as misérias do ser humano. Precisamos estudar a Bíblia pela ótica de conhecimento de Deus e de sua pessoa. Quando conhecemos Deus e seu caráter, podemos desenvolver uma hermenêutica contextualizada que alcance o homem em suas mais diversas carências.

A sociedade latina deve encontrar caminhos que valorizem o ser humano e entender e praticar o valor que Deus dá para o sujeito. Somente quando experimentarmos uma libertação da instituição, que muitas vezes tem tomado o lugar da sociedade de Cristo, poderemos ver líderes verdadeiramente comprometidos com Deus se levantarem em nosso meio. Estes farão a diferença com sua vida e, consequentemente, proclamarão a Deus para o mundo de forma eficiente. O mundo está apavorado em busca de um líder; está procurando alguém que tenha uma visão e possa exercer firmemente uma influência especial para levar um grupo ou um país rumo a metas de permanente benefício que atendam às reais necessidades das pessoas.

> *Um líder não nasce feito, faz-se. Reconhecidamente, algumas pessoas têm mais aptidão para a liderança do que outras, mas aptidão sozinha não faz dela um líder. Inversamente, outra que não tenha nenhuma aptidão para a liderança, mas possua ardente desejo de liderar, pode chegar ao sucesso na liderança.* (Haggai, 1986, p. 19, grifo do original)

A reforma da sociedade deve nos desafiar a andar de acordo com o espírito que predominava entre o povo de Deus. Queremos que o Senhor seja glorificado em todos os aspectos. Para isso, estamos

Caminhando para uma teologia da cidadania

dispostos até mesmo a dar nossa vida. O "poder" do homem ou de qualquer instituição não é suficiente para alterar a glória de Deus.

> *Devemos avaliar os modelos de missão que herdamos do passado ou os importados no presente e buscar novos modelos. Isso implica forjar uma missiologia a partir da América Latina, que leve em consideração as experiências e contribuições das igrejas dos diferentes grupos étnicos e culturais do Continente. Entretanto, a busca de novos modelos não deve levar-nos a fazer concessões quanto à verdade de Jesus Cristo.* (Declaração..., 1992, p. 68)

A liderança que tem surgido e que surgirá nessa realidade vai saber trabalhar questões étnicas e culturais tomando como base o ponto de vista de Deus.

A sociedade latina tem uma proposta a ser apresentada ao seu povo. Para que seus líderes sejam eficientes, não precisamos nem podemos copiar métodos extraculturais. Devemos seguir o exemplo, assimilar o que de bom foi passado pelos missionários estrangeiros no decorrer do tempo. Não podemos negar o fato de que coisas boas foram ensinadas, como a dedicação e o desprendimento dos missionários estrangeiros, que deixaram sua pátria para se dedicarem a um povo que, muitas vezes, não levava o Evangelho tão a sério como seus comunicadores (Movimento Encontrão, 1996).

Apesar de tudo isso, não podemos nos esquecer de que a proposta para a sociedade latina deve partir do pressuposto de que os latinos têm uma estrutura formada segundo seus conceitos. Não podemos pensar em uma proposta para a formação de líderes latinos sem mobilizar um grande reforço ético.

> *Existe uma ética pentecostal suscetível de preparar para um novo "espírito do capitalismo"? Pelo ascetismo que ordena aos crentes, o pentecostalismo é uma nova versão da ética protestante? Ou, inversamente,*

esta "ética pentecostal" é a consequência da deterioração das condições
econômicas? Em particular, o crescimento fulgurante do pentecosta-
lismo durante os anos 80 é a tradução ideológica da "década perdida"?
A "ética pentecostal" seria então apenas um processo de adaptação ao
empobrecimento? Enfim, como o "protestantismo", ao qual o mundo
latino mostrou-se antes alérgico, devido ao seu "espírito", penetrou
essa fortaleza do catolicismo que é o Brasil? A essas questões, não há
resposta simples. Devemos nos lembrar, no entanto, de que, se a "ética
pentecostal" está presente na classe média, ela é sobretudo ética do
"mundo dos pobres". (Corten, 1996, p. 135)

A teologia no contexto latino, em sua grande extensão geográfica, deve levar em consideração o pobre e atender às suas necessidades básicas. Esse povo tem um conceito de que Deus é bom e que está interessado em ajudar, mas, nessa ajuda, não estão incluídas a responsabilidade e a obediência aos princípios de Deus. É preciso reforçar e desenvolver essa dinâmica.

Tanto o Movimento Encontrão quanto os participantes do Clade III, na Declaração de Quito, estão preocupados com a propagação do Evangelho para os latinos. Devemos pensar no futuro. A América Latina, por meio de seus cidadãos comprometidos com Deus, tem muito a cooperar para a expansão do Evangelho no mundo. O latino é aceito em várias partes do mundo; quando esse grupo for treinado e capacitado para anunciar o Evangelho, os efeitos serão excelentes.

Uma das concessões que não podemos fazer diz respeito à possibilidade de o pecado ser identificado como problema; o pecado deve ser tratado como desobediência que separa o homem de Deus e deve ser confrontado de acordo com a palavra de Deus.

Agora as pessoas não procuram uma religião que pede uma adesão
firme e para sempre. A maioria identifica sua liberdade com a livre esco-
lha; um dia, uma religião, um outro, uma outra, a que mais me agrada

> *atualmente. Além disso, pertencer a uma religião não constitui nenhum compromisso para o futuro. O discurso teológico incita à devoção, faz participar. Não é a facilidade que incita à devoção. Garantimos que também não é a facilidade que atrai os pobres nos grandes movimentos religiosos pentecostais.* (Corten, 1996, p. 136)

A santidade deve ser inegociável. O espírito que prevalece entre os cristãos deve ser o de santidade. Deus deve ser constantemente exaltado e glorificado no meio de seu povo; não pode ser esquecido nem negligenciado por vantagens pessoais. Quando nos esquecemos de que Deus deve estar em primeiro lugar, facilmente barateamos a mensagem do Evangelho para levarmos algum tipo de vantagem.

> *Não existem concessões no reino de Deus, o reino não é nosso e devemos proceder de acordo com os princípios desse Rei que tanto nos ama e quer nos conduzir da melhor maneira possível. Nada substitui a disciplina espiritual, a oração, a meditação, a exortação mútua. E a expectativa ante o Senhor tem sido a principal forma de vocação missionária. E o espírito de serviço, do aprendizado e da convivência com outros é que sustém o missionário firme na sua devoção a Cristo e firme no meio dos conflitos e dificuldades do seu serviço.* (Movimento Encontrão, 1996, p. 49)

Uma sociedade relevante faz perguntas entre as quais uma se destaca: Qual é a missão da sociedade em um mundo de contrastes tão marcantes? Admitindo-se uma postura fatalista, isto é, que Deus é responsável pela presença dos pobres entre nós, sobram três abordagens, que são complementares:

- Em primeiro lugar, a sociedade deve viver e proclamar a redenção de Deus em Cristo, pelo poder do Espírito Santo. A nova sociedade depende de novos homens.

- Em segundo lugar, a sociedade pode ser parte importante da consciência nacional, comprometendo-se com uma visão cristã da sociedade humana em que se busca a superação de todas as injustiças geradoras de miséria.
- Em terceiro lugar, a sociedade pode e deve fazer alguma coisa de concreto enquanto sonha com uma sociedade mais marcada pelos ideais do reino de Deus, ainda que o realismo bíblico exija que se leve a sério o poder do pecado e do mal na sociedade humana.

Desse modo, à sociedade cabe viver e proclamar o Evangelho. É isso que o Novo Testamento chama de fazer o bem.

Por fim, podemos afirmar que a Declaração de Quito nos orienta e fundamenta a respeito de questões básicas sobre o resgate da sociedade. Quando entendemos nossa história, a formação cultural e social de nosso povo, podemos interagir apresentando e relacionando essas questões com os fundamentos cristãos. Nesse contexto, uma sociedade atuante e resgatadora tem um lugar especial.

6.5 Valores para uma cultura de paz

Somos membros uns dos outros. A metáfora apresentada pelo apóstolo Paulo é usada para demonstrar os princípios da reciprocidade entre os seres humanos, que geram uma atitude de unidade. Isso nos ajuda a entender que não devemos prezar pela mentira que prejudica, e sim pela verdade que edifica e une. A verdade acaba sendo revelada com a união, e a mentira separa e estimula as desavenças entre as pessoas.

Caminhando para uma teologia da cidadania

Outro ponto que destacamos é o fato de analisarmos a identidade cristã, fundamentada na comunhão e na alteridade. Como cristãos, precisamos seguir Cristo. Cabe a nós, cristãos, nos definirmos a partir de Jesus Cristo e, de certa forma, seremos capacitados para nos relacionarmos com o outro como amigos e irmãos, e não como inimigos. A definição de uma identidade própria acaba ajudando a servir ao próximo; não somos concorrentes, mas alguém disposto a ajudar e a promover a bondade entre as pessoas.

Essa capacidade de entendimento entre as pessoas tem como base o amor divino. Deus não é solitário, a comunhão procede do Senhor, e o amor deve ser resultado do relacionamento humano. Deus adapta-se à nossa linguagem. Por meio de seu filho amado, "Sendo Deus, não julgou como usurpação ser igual a Deus" (Bíblia. Filipenses 5:13). Esse fato possibilitou de maneira compreensiva e teológica o relacionamento de Deus com o ser humano, sua criação.

O fato de ser criado por um Deus que vive em comunhão traz para nós a necessidade de vivermos com os outros, e esse é um dos principais atributos de Deus compartilhado com os seres que ele criou.

6.5.1 As relações humanas e a necessidade do diálogo

O resultado da fé em um Deus que é trino e vive se relacionando em sua essência acaba contagiando os seres por ele criados. Acabamos nos tornando humanos na medida em que nos relacionamos, com a capacidade de enxergar o outro. O caminho verdadeiro do sentido de humanidade passa pelo ser humano que supera qualquer senso de rivalidade e tem no outro um companheiro de caminhada até Deus.

A internet não tem a capacidade de substituir os relacionamentos humanos, já que estes são demonstrados pelos sentidos – gesto, cheiro, contato, olhar, calor da proximidade com o outro. Hoje, a grande rede acaba cumprindo um papel de aproximação: uma comunidade de fé articula suas ações para que sejam mais efetivas, um grupo de alunos organiza seus estudos para que o aprendizado seja ampliado, e assim por diante.

O diálogo deve ser incentivado com o uso das alternativas virtuais, com ações que não invadam a privacidade do outro, *posts* que não proclamem a mentira, mobilizações que promovam a liberdade dos seres humanos. O ambiente da religião pode fazer bom uso dos recursos das redes virtuais, favorecendo a unidade da família baseada na verdade, no devotamento e no amor.

A sociedade atual está sofrendo com a violência, o descaso com a vida humana, a desigualdade e as injustiças, que proliferam por todos os cantos. Tudo isso se passa no ambiente real e às vezes no virtual. O diálogo sobre esses assuntos precisa ser encorajado nos diversos ambientes sociais, para que alternativas sejam encontradas a fim de diminuir as tensões e não incentivar a violência nas redes sociais.

O ambiente virtual é tão invasivo que não é possível fazer uma separação entre o modo de vida cotidiano e o que acontece nas redes. Elas adentram o modo de vida das pessoas sem pedir licença. Ideias, conceitos e valores não são construídos a partir do bem comum e da base essencial da moralidade. O que importa é o discurso, e não seu fundamento; até mesmo seus objetivos são descartados, basta anunciar para ver o que acontece.

A constatação que se faz é a seguinte: a grande rede se tornou uma possibilidade de acesso ao conhecimento. Esse espaço deve ser usado para a promoção da bondade e da harmonia entre os povos. A conexão entre as pessoas deve promover o que de melhor existe no ser humano, como bondade, unidade, além dos propósitos que gerem o bem e a harmonia entre os povos.

Nesse ambiente, também surgiram novos crimes e foram potencializados crimes antigos, que assumiram novas formas, como a calúnia, a exploração e as ofensas, propagadas em minutos.

Nesse cenário, o diálogo é fundamental. Busca trazer maior profundidade e o aprendizado, o conhecimento do outro, que conduz à empatia e ao respeito. Sob essa perspectiva, é importante salientar o diálogo entre diferentes vertentes religiosas e não religiosas para uma cultura de paz. Conforme observa Caldas Filho (2017, p. 114-115, grifo do original), alguns conceitos são centrais para a compreensão do tema:

- **Diálogo ecumênico** é o diálogo e o esforço conjunto vivenciado intramuros, no seio da fé cristã. O principal órgão de esforço ecumênico em nível mundial é o Conselho Mundial de Igrejas, World Council of Churches – WCC em inglês (doravante, CMI), organizado em 1948 em Amsterdam, com escritório central em Genebra, Suíça. Atualmente o CMI conta com 348 igrejas-membro, incluindo neste rol igrejas protestantes, anglicanas, independentes africanas, pentecostais e ortodoxas orientais autocéfalas (a Igreja Católica Apostólica Romana participa apenas como observadora, não sendo membro da entidade (WCC, 2017). A Declaração Conjunta Luterano-Católica Romana sobre a Doutrina da Justificação pela Fé, de 1999 (subscrita pela Conferência Metodista Mundial em 2005) é talvez o mais notável exemplo recente de esforço ecumênico visando um testemunho comum da fé cristã.

- **Diálogo intercredal** é o diálogo – ou melhor, triálogo – envolvendo os três credos monoteístas da tradição abraâmica, a saber, judaísmo, cristianismo e islamismo. Claude Geffré (n. 1926), teólogo dominicano francês, especialista no tema da teologia das religiões, refletindo a respeito de temas possíveis para a conversação neste triálogo, extraídos da herança teológica comum a estes credos, sugere

> três possibilidades: "o respeito do humano autêntico, o combate pela justiça, a salvaguarda da criação" (GEFFRÉ, 2013, p. 253-259).

- **Diálogo inter-religioso** [...] é o mais ousado, por assim dizer, e o mais difícil, pois envolve a conversação entre tradições religiosas que não compartilham uma raiz comum (como no caso do diálogo intercredal). Logo o DIR [diálogo inter-religioso] envolve relacionamentos entre expressões religiosas tão diferentes como o cristianismo, o hinduísmo e o budismo. O pressuposto básico do DIR é a crença na possibilidade do mysterium salutis da parte do Deus Criador operar para além dos limites institucionais do cristianismo. A admissão desta possibilidade deu azo ao desenvolvimento de uma vertente diferente do pensamento teológico, a teologia das religiões.

O diálogo, seja ele qual for, implica uma postura de abertura interior para o outro, uma atitude de escuta, de possibilidade de aprendizagem, e é justamente nesse ponto que se dá início ao diálogo, não para a imposição de ideias, mas para a troca de saberes com uma atitude de confiança e respeito. Afinal, somos de religiões diferentes, mas todos humanos. "Leio minha própria fé e a fé do outro e da outra por essa confiança e penso que nós nos ajudamos mutuamente na aprendizagem sobre Deus e nosso lugar e atuação no mundo" (Sinner, 2007, p. 130).

6.5.2 Peculiaridades do discurso religioso pós--moderno

De acordo com Montero (2006), a experiência religiosa parece ter sido expulsa dos recônditos obscuros do eu. Os profundos sentimentos religiosos baseados na fé que consola, reconcilia, abençoa e redime parecem ter perdido a base que lhes dava sustentação.

Caminhando para uma teologia da cidadania

> Na pós-modernidade se destaca o predomínio do individual sobre o coletivo, os diversos autores a descrevem como uma época de intensa diversidade de condutas e interesses, levando em conta o pano de fundo que leva ao esgotamento do impulso moderno para o futuro com o desaparecimento das crenças e tendo como base os discursos e a lógica de consumo. (Lyotard, 1986, p. 38)

6.5.3 Pluralismo religioso

O pluralismo religioso acompanha o declínio da religiosidade, ou o novo vigor espiritual e a proposta do divino, agora reduzido a item de consumo e a uma proposta de serviços pessoais, baseado no carisma de determinados indivíduos.

> O pluralismo religioso é um fenômeno da sociedade pós-moderna que desafia o ser humano a viver de forma respeitosa com o diferente. É um novo paradigma que abre espaço às diversas cosmovisões religiosas e que, por meio do diálogo e alteridade, busca o entendimento, a paz e a tolerância entre os indivíduos. Pluralismo religioso representa a liberdade religiosa dos homens e a valorização de todas as manifestações religiosas. Assim, configura nosso tempo, marcado pela diversidade religiosa manifestando a multiplicidade de ideias e pensamentos entre os seres humanos em diversas culturas. Onde houver liberdade de expressão, liberdade religiosa, existirá pluralismo religioso. (Dupuis, 2004, p. 316)

Também não podemos negar que as atuais mudanças culturais exerceram um impacto relevante sobre o sujeito e têm resultado em um novo comportamento religioso na sociedade. Um fator que deve ser levado em conta é que não é o conteúdo religioso ou teológico do discurso que tem despertado a atenção do sujeito, mas o caráter individualista dos sujeitos religiosos e a possibilidade da prosperidade pela religião.

Isso atrai o sujeito hedonista e individualista. O sociólogo Max Weber (2001) já argumentava que, a despeito das implicações do pensamento racional e da modernidade, era praticamente impossível viver em um mundo despojado de crenças. Mesmo que as profecias do Iluminismo apontassem para tal realidade, os braços das velhas sociedades continuariam abertos para as crenças.

As sociedades da pós-modernidade são ávidas na busca pelo sujeito religioso plural, fragmentado, desejoso de uma experiência e que vive migrando de um local para outro. Nesse meio, surge a cultura midiática que serve como base para apresentar novas estratégias e táticas para o recrutamento de novos adeptos.

O discurso midiático, além dos bens que toda religião oferece, acentua a oferta diversificada de bens materiais em larga escala. Assim, o que era para ser uma apresentação religiosa assume ares mercadológicos e busca atender aos anseios dos espectadores. Promete-se o que os clientes (consumidores) procuram. Se o sujeito precisa de cura, vai encontrar opções para isso; se precisa libertar-se de algum vício, seguramente encontrará uma alternativa; se o problema é o desemprego, se a crise familiar se agrava, entre outros exemplos, as sociedades pós-modernas oferecem uma alternativa adequada para solucioná-los.

O atendimento das carências básicas do ser humano, acompanhado do desejo de autorrealização e do consumo exagerado, faz com que tais sociedades usem as estratégias dos meios de comunicação de massa para convocar e arregimentar para suas instalações esse novo sujeito religioso.

Caminhando para uma teologia da cidadania

Síntese

Neste capítulo, vimos que precisamos conhecer a história, nossa herança, para que possamos traçar rumos eficientes com relação ao futuro.

A Declaração de Quito aponta caminhos para os cidadãos cristãos, homens e mulheres, por meio de um diálogo entre teologia e sociedade. A vida em um ambiente plural requer muito diálogo, e as várias frentes sociais e teológicas precisam de harmonia para que os seres humanos possam ter um referencial tanto para o comportamento ético e moral como para seu modo de vida.

Quando o ser humano vive em paz e harmonia com o seu próximo, os desafios da vida se tornam mais aceitáveis.

Indicação cultural

BARAKA. Direção: Ron Fricke. Produção: Mark Magidson. EUA: Versátil Home Video, 1992. 96 min.

Esse documentário mostra imagens de diferentes igrejas, ruínas, paisagens, cerimônias religiosas e cidades de 23 países. O filme não tem narração nem diálogos, mas há uma sequência na qual é possível refletir principalmente sobre multiculturalismo e diversidade religiosa global.

Atividades de autoavaliação

1. Analise as assertivas a seguir e assinale a que está totalmente correta:

   a) As lideranças eclesiais precisam ter como orientação a ética secular, a cultura política do país, em detrimento da ética cristã e dos valores do reino de Deus.

   b) Uma sociedade que seja bíblica e relevante deve levar em conta a situação dos sujeitos, entender as ideologias e filosofias associadas às questões sociais e apresentar propostas de ações significativas.

   c) Conforme os ensinamentos de Jesus, o poder deve vir na frente do serviço; os atos vão beneficiar os sujeitos necessitados e estabelecer fundamentos do reino de Deus na terra.

   d) O poder deve ser exercido para as lideranças eclesiais e deve ser praticado ou exercido para si mesmo, aproveitando-se a ignorância ou os valores distorcidos para manipular, exercer ou estimular o fascínio dos desprovidos de capacitação intelectual.

   e) Quando se analisa a questão de desenvolver ou praticar uma sociedade libertadora, ou que retorne ao sagrado em seu estado legítimo, está-se dizendo que é possível vender o que de mais sagrado foi deixado pelo Senhor Jesus Cristo.

2. Sobre o poder para servir, marque V para as afirmativas verdadeiras e F para as falsas:

   ( ) O poder é chamado ao serviço, mas inclinado à dominação.

   ( ) Jesus recupera o sentido originário do poder, que, como vimos, é, e deve ser, serviço.

Caminhando para uma teologia da cidadania

( ) O poder na esfera religiosa deve ser exercido para o fraco e o oprimido e não deve ser praticado ou exercido para si mesmo.

( ) O poder religioso não deve aproveitar a ignorância ou os valores distorcidos para manipular, exercer ou estimular o fascínio dos desprovidos de capacitação intelectual.

( ) O serviço deve vir na frente do poder, e o motivo principal é a glória de Deus. Os atos decorrentes desses motivos vão beneficiar os sujeitos necessitados e estabelecer fundamentos do reino de Deus na terra.

Agora, assinale a alternativa que indica a sequência correta:

a) V, F, V, V, V.
b) F, V, V, V, V.
c) V, V, F, V, V.
d) V, V, V, V, F.
e) V, V, V, V, V.

3. Sobre o pluralismo religioso, é possível afirmar:

i) As mudanças culturais pós-modernas exerceram um impacto relevante sobre o sujeito e têm resultado em um novo comportamento religioso na sociedade.

ii) A possibilidade da prosperidade pela religião não atrai o sujeito hedonista e individualista.

iii) As sociedades da pós-modernidade são ávidas na busca pelo sujeito religioso plural, fragmentado, desejoso por uma experiência pessoal e que vive migrando de um local para outro, em uma religião individual e pessoal.

Agora, marque a alternativa que indica a(s) afirmativa(s) correta(s):

a) I.
b) II.
c) I e II.
d) I e III.
e) II e III.

4. Leia as afirmativas a seguir:

I) Não há possibilidade de diálogo inter-religioso, imposição de ideias e negação da religião e espiritualidade do outro.

II) O atendimento das carências básicas do ser humano, acompanhado do desejo de autorrealização e consumo exagerado, faz com que as sociedades da pós-modernidade usem estratégias de comunicação de massa para convocar e arregimentar para suas instalações o novo sujeito pós-moderno religioso.

III) As sociedades da pós-modernidade são ávidas na busca pelo sujeito religioso plural, fragmentado, desejoso por uma experiência e que vive migrando de um local para outro. Nesse meio, surge a cultura midiática, mercadológica, que oferece produtos religiosos aos clientes (consumidores) de acordo com seus anseios.

Agora, marque a alternativa que indica a(s) afirmativa(s) correta(s):

a) I.
b) II.
c) III.
d) I e III.
e) II e III.

Caminhando para uma teologia da cidadania

5. Para uma cultura de paz efetiva, é imperativo o diálogo. A seguir, relacione os tipos de diálogos possíveis entre as religiões às respectivas definições:

I) Diálogo ecumênico
II) Diálogo intercredal
III) Diálogo inter-religioso

( ) É o mais ousado e difícil, pois exige dos interlocutores extrema compreensão, tolerância e respeito com o outro. Envolve relacionamentos e expressões religiosas entre religiões de diferentes origens, tais como o cristianismo, o hinduísmo e o budismo.

( ) É o diálogo desenvolvido no seio da fé cristã, ou seja, é a busca do diálogo entre aqueles que professam o cristianismo – igrejas protestantes históricas, pentecostais, católicos, anglicanos, adventistas, entre tantas outras, em um esforço conjunto que visa a um testemunho da fé cristã.

( ) É aquele que envolve os três credos monoteístas de tradição abraâmica – judaísmo, cristianismo e islamismo –, nos quais o foco é a busca do bem comum, do respeito ao ser humano e à criação, bem como o combate às injustiças.

Agora, assinale a alternativa que indica a sequência correta:

a) 2, 3, 1.
b) 3, 2, 1.
c) 1, 2, 3.
d) 3, 1, 2.
e) 2, 1, 3.

Atividades de aprendizagem

Questões para reflexão

1. Pesquise sobre o pluralismo religioso e a multiplicação de igrejas e reliem seu giosidades na sociedade brasileira e, em particular, em sua cidade e bairro. Registre as informações encontradas.

2. Como o diálogo entre as religiões pode contribuir com a sociedade, independentemente de seu credo?

Atividades aplicadas: prática

1. Entreviste pelo menos cinco pessoas que moram há bastante tempo em seu bairro. Pergunte sobre as mudanças religiosas que ocorreram nesse local nos últimos anos quanto às múltiplas religiosidades.

2. Pesquise na internet e leia Declaração Universal sobre a Diversidade Cultural, da Organização das Nações Unidas para a Educação, a Ciência e a Cultura (Unesco). Em que medida essa declaração pode contribuir para o diálogo entre as religiões?

Caminhando para uma teologia da cidadania

considerações finais

Neste livro, não tivemos a pretensão de esgotar os assuntos relacionados com a teologia e a sociedade. Os temas são diversos e complexos, e sempre cabe uma nova análise ou uma proposta de ampliação dos assuntos a serem debatidos.

Uma conversa teológica na América Latina deve ser ousada e contar com a coragem necessária para tratar de determinados paradigmas. Um dos objetivos desta obra foi apresentar ao leitor novas formas de pensar e fazer teologia, além de despertar a reflexão sobre novos temas e enfrentamentos que precisam ser contemplados.

Esperamos que este livro tenha despertado o interesse pela pesquisa de outros assuntos e que os conteúdos abordados possam gerar inquietação e angústia no coração do leitor para que ele perceba que a teologia não pode, nem deve, ser realizada apenas na teoria e no discurso. A teologia verdadeira se faz com os pés descalços, de acordo com a realidade em que está inserida.

Para pensarmos e escrevermos teologia, devemos nos livrar das amarras das tradições religiosas, visto que algumas vezes somos impedidos de argumentar, de pesquisar ou de emitir opinião porque a tradição e os bons costumes não permitem. Não estamos sugerindo deixar de lado a tradição e os valores éticos e morais, mas propondo uma nova forma de analisar determinados assuntos que antes não eram tratados.

De modo inovador, nesta obra buscamos fazer uma análise do contexto social em que nos encontramos e apontar caminhos a serem trilhados por homens e mulheres que têm um compromisso com a causa cristã na sociedade.

referências

ADORNO, T. W. A indústria cultural. In: COHN, G. (Org.). **Comunicação e indústria cultural**. São Paulo: Nacional, 1978. p. 287-295.

ADORNO, T. W.; HORKHEIMER, M. **Dialética do esclarecimento**. Rio de Janeiro: Zahar. 2001.

AGNEZ, L. F. Consumo de informação na sociedade contemporânea. In: CONGRESSO BRASILEIRO DE CIÊNCIAS DA COMUNICAÇÃO, 32., 2009, Curitiba. **Anais...** Curitiba: Paraná, 2009. p. 1-15.

ALEGRE, X. **Marcos**: a correção de uma ideologia triunfalista. Belo Horizonte: Cebi, 1988.

ALMEIDA, G. Nota preliminar do tradutor. In: HABERMAS, J. **Consciência moral e agir comunicativo**. Rio de Janeiro: Tempo Brasileiro, 1989. p. 7-9.

ALTEMEYER, F.; BOMBONATTO, V. I. **Teologia e comunicação**: corpo, palavra e interfaces cibernéticas. São Paulo: Paulinas, 2011.

ÁLVAREZ, C. M. **Subjetividad y experiencia religiosa posmoderna**. México: UIA, 2007.

AMALADOSS, A. **Pela estrada da vida**: prática do diálogo inter-religioso. São Paulo: Paulinas, 1993.

ANSART, P. **Ideologias, conflitos e poder**. Tradução de Aurea Weissenberg. Rio de Janeiro: Zahar, 1978.

APARICI, R. **Conectados no ciberespaço**. São Paulo: Paulinas, 2012.

ARAGÃO, L. M. de C. **Razão comunicativa e teoria social crítica em Jürgen Habermas**. Rio de Janeiro: Tempo Brasileiro, 1992.

ARAYA, E. R. M.; VIDOTTI, S. A. B. G. Direito autoral e tecnologias de informação e comunicação no contexto da produção, uso e disseminação de informação: um olhar para as licenças Creative Commons. **Informação e Sociedade**, João Pessoa, v. 19, n. 3, p. 39-51, set.-dez. 2009. Disponível em: <https://repositorio.unesp.br/handle/11449/10564>. Acesso em: 21 jun. 2022.

ARENDT, H. **A condição humana**. Rio de Janeiro: Forense Universitária, 1989.

ARROCHELAS, M. H. (Org.). **A Igreja e o exercício do poder**: teologia do poder. Rio de Janeiro: Iser, 1992.

A SOCIEDADE da informação. **Super Interessante**, 31 out. 2016. Disponível em: <https://super.abril.com.br/tecnologia/a-sociedade-da-informacao>. Acesso em: 21 jun. 2022.

BAGDIKIAN, B. H. **O monopólio da mídia**. São Paulo: Scritta, 1993.

BARBOSA, M. (Ed.). **Pós-verdade e fake news**: reflexões sobre a guerra das narrativas. Rio de Janeiro: Cobogó, 2019.

BARROS FILHO, C. **Ética na comunicação**: da informação ao receptor. São Paulo: Moderna, 1995.

BARTH, G. **Ele morreu por nós**: a compreensão da morte de Jesus Cristo no Novo Testamento. São Leopoldo: Sinodal/IEPG, 1997.

BEZERRA, C. M. **Poder-serviço no ministério cristão midiático**: análise contextual e teológica. Tese (Doutorado em Teologia) – Pontifícia Universidade Católica do Rio de Janeiro, Rio de Janeiro, 2017. Disponível em: <https://www.maxwell.vrac.puc-rio.br/51845/51845.PDF>. Acesso em: 13 jul. 2022.

BEZERRA, C. M. **Teologia e sociedade**. Curitiba: Contentus, 2020.

BÍBLIA. Português. **Bíblia de Jerusalém**. São Paulo: Paulus, 1985.

BLOTA, V. S. L. **O direito da comunicação**: reconstrução dos princípios normativos da esfera pública política a partir do pensamento de Jürgen Habermas. 390 f. Tese (Doutorado em Direito) – Faculdade de Direito da Universidade de São Paulo, São Paulo, 2012. Disponível em: <https://teses.usp.br/teses/disponiveis/2/2139/tde-29102012-144812/pt-br.php>. Acesso em: 13 jul. 2022.

BOBBIO, N. A democracia e o poder invisível. In: BOBBIO, N. **O futuro da democracia**. 6. ed. Trad. Marco Aurélio Nogueira. Rio de Janeiro: Paz e Terra, 1997. p. 304.

BOBBIO, N. **A era dos direitos**. Rio de Janeiro: Campus, 1992.

BOFF, L. **Igreja**: carisma e poder. Petrópolis: Vozes,1982.

BOFF, L. **O caminhar da Igreja com os oprimidos**. Petrópolis: Vozes, 1988.

BOURDIEU, P. **A economia das trocas simbólicas**. São Paulo: Perspectiva, 1987.

BOURDIEU, P. **O poder simbólico**. Lisboa: Difel, 1984.

BOURDIEU, P. **Razões práticas**: sobre a teoria da ação. 6. ed. São Paulo: Papirus, 1996.

BRASIL. Constituição (1988). **Diário Oficial da União**, Brasília, DF, 5 out. 1988. Disponível em: <http://www.planalto.gov.br/ccivil_03/constituicao/constituicao.htm>. Acesso em: 16 jun. 2022.

BRENTON, P. **A utopia da comunicação**. Lisboa: Instituto Piaget, 1992.

BROWN, R. **A comunidade do discípulo amado**. São Paulo: Paulinas, 1984.

BUCCI, E. **Brasil em tempo de TV**. São Paulo: Boitempo, 1996.

BULTMANN, R. **Die Geschichte der synoptischen Tradition**. 9. ed. Göttingen: Vandenhoe & Ruprecht, 1979.

CADEMARTORI, D. M. L. de; MENEZES NETO, E. J. de. Poder, meios de comunicação de massas e esfera pública na democracia constitucional. **Sequência: Estudos Jurídicos e Políticos**, v. 34, n. 66, 2013. Disponível em: <https://periodicos.ufsc.br/index.php/sequencia/article/view/2177-7055.2013v34n66p187>. Acesso em: 21 jun. 2022.

CALDAS FILHO, C. R. Diálogo inter-religioso: perspectivas a partir de uma teologia protestante. **Horizonte – Revista de Estudos de Teologia e Ciências da Religião**, v. 15, n. 45, p. 112-133, jan./mar. 2017. Disponível em: <http://periodicos.pucminas.br/index.php/horizonte/article/view/P.2175-5841.2017v15n45p112>. Acesso em: 24 jun. 2022.

CAMPOS, L. S. **Teatro, templo e mercado**: organização e marketing de um empreendimento neopentecostal. Petrópolis: Vozes; São Paulo: Umesp, 1997.

CANCIAN, R. Jürgen Habermas: a teoria sociológica – o surgimento da esfera pública. **UOL Educação**. Disponível em: <https://educacao.uol.com.br/disciplinas/sociologia/jurgen-habermas---a-teoria-sociologica-o-surgimento-da-esfera-publica.htm?cmpid=copiaecola>. Acesso em: 21 jun. 2022.

CANCLINI, N. G. **Leitores, espectadores e internautas**. Tradução de Ana Goldberger. São Paulo: Iluminuras, 2008.

CAPRA, F. **O ponto de mutação**. São Paulo: Cultrix, 2000.

CARDOSO, G. **A mídia na sociedade em rede**: filtros, vitrines, notícias. Rio de Janeiro: FGV, 2007.

CARVALHO, A.; MARTINS, S.; VELOZO, V. **O poder da mídia**. São Paulo: Lê, 1997.

CASSIRER, E. **Linguagem e mito**. São Paulo: Perspectiva, 2002.

CASTELLS, M. A era da intercomunicação. **Le Monde Diplomatique**, 1º ago. 2006. Disponível em: <https://diplomatique.org. br/a-era-da-intercomunicacao/>. Acesso em: 13 jul. 2022.

CASTELLS, M. **A sociedade em rede**: a era da informação – economia, sociedade e cultura. 9. ed. São Paulo: Paz e Terra, 2003. v. 1.

CASTELLS, M. et al. **Novas perspectivas críticas em educação**. Porto Alegre: Artes Médicas, 1996.

CASTELLS, M. **O poder da identidade**. São Paulo: Paz e Terra, 2000.

CAVALCANTE, M. B. O conceito de pós-modernidade na sociedade atual. **Brasil Escola**. Disponível em: <https://meuartigo.brasilescola.uol. com.br/geografia/o-conceito-posmodernidade-na-sociedade-atual. htm#:~:text=As%20caracter%C3%ADsticas%20da%20p%C 3%B3s%2Dmodernidade,pessoal%3B%20pluralidade%20 cultural%3B%20polariza%C3%A7%C3%A3o%20social>. Acesso em: 25 jul. 2022.

CAVALCANTI, R. **A utopia possível**: em busca de um cristianismo integral. Viçosa: Ultimato, 1997.

CHIAVENATO, J. J. **Religião**: da origem à ideologia. 2 ed. Natal: Funpec, 2002.

CLADE III – Congresso Latino-Americano de Evangelização. Quito, Equador, 24 ago.-4 set. 1992. Apresentação de slides.

COHEN, I. B.; WESTFALL, R. S. (Org.). **Newton**: textos, antecedentes, comentários. Rio de Janeiro: Contraponto, 2002.

COMBLIN, J. **Os Atos dos Apóstolos**. Petrópolis: Vozes, 1988. v. 1.

COMBLIN, J. **Curso de verão**: viver nas cidades. São Paulo: Paulus, 1994. ano VIII.

COMBLIN, J. **Pastoral urbana**. São Paulo: Paulus, 1984.

CORTEN, A. **Os pobres e o Espírito Santo**: o pentecostalismo no Brasil. Petrópolis: Vozes, 1996.

COSTA, F. J. Campeonato de irrelevâncias. **Folha de S.Paulo**, p. 4, 17 jun. 2001. Caderno Mais. Disponível em: <https://www1.folha.uol.com.br/fsp/mais/fs1706200105.htm>. Acesso em: 23 jun. 2022.

COSTA, O. E. **El protestantismo en America Latina hoy**: ensayos del camino. Pasadena, California: Publicaciones INDEF, 1975.

CRESPO, M. X. F. **Crimes digitais**. São Paulo: Saraiva, 2011.

D'ANCONA, M. **Pós-verdade**: a nova guerra contra os fatos em tempos de fake news. Barueri: Faro, 2018.

DECLARAÇÃO de Quito. **Boletim Teológico**, ano 6, n. 19, p. 65-72, dez. 1992. Disponível em: <http://www.repci.co/repositorio/bitstream/handle/123456789/547/bt019-64-71.pdf?sequence=2&isAllowed=y>. Acesso em: 13 jul. 2022.

DEMOCRATIZAÇÃO das comunicações. **Plataforma Política Juventudes contra Violência**. Disponível em: <https://juventudes contraviolencia.org.br/plataformapolitica/quem-somos-eixos-programaticos/democratizacao-da-midia/>. Acesso em: 25 jul. 2022.

DESCARTES, R. **Discurso do método. Meditações. Objeções e respostas. As paixões da alma. Cartas**. São Paulo: Abril Cultural, 2000.

DIANA, D. História e evolução dos computadores. **Toda Matéria**. Disponível em: <https://www.todamateria.com.br/historia-e-evolucao-dos-computadores/>. Acesso em: 30 maio 2022.

DIAS, J. Jornalistas evangélicos contra as fake news. **Outras Palavras**, 30 out. 2019. Disponível em: <https://outraspalavras.net/crise-civilizatoria/bereia-jornalistas-evangelicos-contra-as-fake-news/>. Acesso em: 21 jun. 2022.

DUPUIS, J. **O cristianismo e as religiões**. São Paulo: Loyola, 2004.

DURKHEIM, E. **Da divisão do trabalho social**. Tradução de Eduardo Brandão. 2 ed. São Paulo: M. Fontes, 1999.

EAGLETON, T. **Ideologia**. São Paulo: Boitempo, 1997.

FERREIRA, I. S. A criminalidade informática. In: LUCCA, N.; SIMÃO FILHO, A (Coord.). **Direito e internet**. Bauru: Edipro, 2001. p. 207-237.

FERREIRA, A. J. et al. (Org.). **Educação e envelhecimento**. Porto Alegre: EdiPUCRS, 2012.

FLEUR, M. L. de. **Teorias de comunicação de massa**. Rio de Janeiro: Zahar, 1971.

FONSECA, F. Mídia, poder e democracia: teoria e práxis dos meios de comunicação. **Revista Brasileira de Ciência Política**, Brasília, n. 6, p. 41-69, dez. 2011. Disponível em: <https://www.scielo.br/j/rbcpol/a/6bCYRSVtShSg6wqwhQq6vQQ/?lang=pt>. Acesso em: 21 jun. 2022.

FORD, L. **Jesus**: o maior revolucionário. Tradução de Suely de Carvalho. 2. ed. Niterói: Vinde Comunicações.1984.

FOUCAULT, M. **Microfísica do poder**. 14 ed. Rio de Janeiro: Graal, 1999a.

FOUCAULT, M. **O sujeito e o poder**. Rio de Janeiro: Graal, 1999b.

FRAZÃO, D. Martin Heidegger. **e-Biografia**, 1º out. 2015. Disponível em: <https://www.ebiografia.com/martin_heidegger/>. Acesso em: 21 jun. 2022.

FRAZÃO, D. Theodor Adorno. **e-Biografia**, 17 jan. 2020. Disponível em: <https://www.ebiografia.com/theodor_adorno/>. Acesso em: 21 jun. 2022.

FREITAG, B. **A teoria crítica**: ontem e hoje. São Paulo: Brasiliense, 1986.

FREITAG, B.; ROUANET, S. P. **Habermas**: sociologia. São Paulo: Ática, 1980.

FREITAS, B. P. **A beleza hiper real**. Joinville: Clube dos Autores, 2008.

FREITAS, E. As principais causas da fome na África. **Mundo Educação**. Disponível em: <https://mundoeducacao.uol.com.br/geografia/as--principais-causas-fome-na-africa.htm>. Acesso em: 25 jun. 2022.

GALEANO, E. **As veias abertas da América Latina**. Rio de Janeiro: Paz e Terra, 1985.

GEFFRÉ, C. **De Babel a Pentecostes**: ensaios de teologia inter-religiosa. São Paulo: Paulus, 2013.

GLAAB, B. **A compreensão da morte de Jesus na Igreja primitiva**. Disponível em: <https://silo.tips/download/a-compreensao-da--morte-de-jesus-na-igreja-primitiva-bruno-glaab>. Acesso em: 25 jun. 2022.

GMAINER-PRANZL, F.; JACOBSEN, E. (Org.). **Teologia pública**: deslocamentos da teologia contemporânea. São Leopoldo: Sinodal, 2015. (Coleção Teologia Pública.).

GNILKA, J. **Jesus de Nazaré**: mensagem e história. Petrópolis: Vozes, 2000.

GOBBI, M. C.; KERBAUY, M. T. M. **Televisão digital**: informação e conhecimento. São Paulo: Unesp, 2010.

GOMES, R. A. L. **A comunicação como um direito humano**: um conceito em construção. 206 f. Dissertação (Mestrado em Comunicação) – Universidade Federal de Pernambuco, Recife, 2007. Disponível em: <http://www.dhnet.org.br/direitos/textos/midia/gomes_comunicacao_como_dh.pdf>. Acesso em: 25 jun. 2022.

GOMEZ, M. N. G. A globalização e os novos espaços da informação. **Informare**, v. 3, n. 1/2, p. 8-22, 1997. Disponível em: <https://brapci.inf.br/index.php/res/v/41514>. Acesso em: 25 jun. 2022.

GOPPELT, L. **Teologia do Novo Testamento**. São Leopoldo: Sinodal; Petrópolis: Vozes, 1988.

GREJO, C. B.; BUNGE, C. O.; INGENIEROS, J. **Entre o científico e o político**: pensamento racial e identidade nacional na argentina (1880-1920). São Paulo: Unesp, 2009.

GREY, S. Mulheres nas sombras. **Revista Reader's Digest**, p. 34-35, mar. 2000.

HABERMAS, J. A nova intransparência: a crise do Estado de bem-estar social e o esgotamento das energias utópicas. Tradução de Carlos Alberto Marques Novaes. **Novos Estudos Cebrap**, São Paulo, n. 18, p. 103-114, set. 1987a. Disponível em: <https://cemap-interludium.org.br/wp-content/uploads/Habermas-nova-intranspar%C3%AAncia.pdf>. Acesso em: 25 jun. 2022.

HABERMAS, J. **Consciência moral e agir comunicativo**. Rio de Janeiro: Tempo Brasileiro, 1989.

HABERMAS, J. **Dialética e hermenêutica**: para a crítica da hermenêutica de Gadamer. Porto Alegre: L&PM, 1988.

HABERMAS, J. **Direito e democracia**: entre facticidade e validade. Trad. Flávio Bino Siebneicher. Rio de Janeiro: Tempo Brasileiro, 1997. v. 1: Jürgen Habermas.

HABERMAS, J. **Discurso filosófico da modernidade**. Lisboa: D. Quixote, 1990a.

HABERMAS, J. Soberania popular como procedimento. Tradução de Márcio Suzuki. **Novos Estudos Cebrap**, São Paulo, n. 26, p. 100-113, mar. 1990b. Disponível em: <https://novosestudos.com.br/produto/edicao-26/>. Acesso em: 25 jun. 2022.

HABERMAS, J. **Técnica e ciência como ideologia**. Lisboa: Edições 70, 1987b.

HABERMAS, J. **Técnica e ciência como ideologia**. São Paulo: Abril Cultural, 1975. (Os Pensadores).

HABERMAS, J. **Teoria de la acción comunicativa I**: racionalidad de la acción y racionalización social. Madri: Taurus, 1987c.

HABERMAS, J. **Teoria de la acción comunicativa II**: crítica de la razón funcionalista. Madri: Taurus, 1987d.

HABERMAS, J. **Teoria do agir comunicativo**: racionalidade da ação e racionalização social. Tradução de Paulo Astor Soethe. São Paulo: WMF Martins Fontes, 2012. v. 1.

HAGGAI, J. **Seja um líder de verdade**. Belo Horizonte: Betânia, 1986.

HALL, S. **A identidade cultural na pós-modernidade**. Rio de Janeiro: DP&A, 2001.

HERNANDES, N. **A mídia e seus truques**. São Paulo: Contexto, 2010.

HESSION, R. **A senda do Calvário**. Belo Horizonte: Betânia, 1979.

HESSION, R. **Queremos ver a Jesus**. Belo Horizonte: Betânia, 1978.

HOOVER, S. Mídia e religião: premissas e implicações para os campos acadêmico e midiático. **C&S**, São Bernardo do Campo, SP, v. 35, n. 2, p. 41-68, jan.-jun. 2014. Disponível em: <https://www.metodista.br/revistas/revistas-ims/index.php/CSO/article/view/4906>. Acesso em: 25 jul. 2022.

HORSTER, D. et al. **Habermas zur Einführung**. Hamburg: Soak, 1988.

HORTON, M. **Religião do poder**. Tradução de Wadislau Martins Gomes. Cambuci, SP: Cultura Cristã, 1998.

HUYSSEN, A. Mapeando o pós-moderno. In: HOLLANDA, H. B. de. (Org.). **Pós-modernismo e política**. Rio de Janeiro: Rocco, 1992. p. 15-80.

JAMESON, F. **A cultura do dinheiro**: ensaios sobre a globalização. Petrópolis: Vozes, 2001.

JEREMIAS, J. **A mensagem central do Novo Testamento**. São Paulo: Paulinas, 1986.

JONAS. A "nova evangelização" segundo Francisco. **IHU Unisios**, 16 out. 2013. Disponível em: <https://www.ihu.unisinos.br/noticia s/524683-a-nova-evangelizacao-segundo-francisco>. Acesso em: 25 jun. 2022.

JOÃO PAULO II, Papa. **Fides et Ratio**. Roma, 14 set. 1998. Disponível em: <https://www.vatican.va/content/john-paul-ii/pt/encyclicals/documents/hf_jp-ii_enc_14091998_fides-et-ratio.html>. Acesso em: 25 jun. 2022.

JUNQUEIRA, D. Saiba quais são os 10 apps de redes sociais mais usados pelos brasileiros. **Olhar Digital**, 17 ago. 2017. Disponível em: <https://olhardigital.com.br/2017/08/17/noticias/saiba-qvers-sao-os-10-apps-de-redes-sociais-mais--usados-pelos-brasileiros/>. Acesso em: 25 jun. 2022.

KÜMMEL, W. **Síntese teológica do Novo Testamento**. São Leopoldo: Sinodal, 1983.

LIPPMANN, W. **Public Opinion**. Nova York: MacMillan, 1922.

LOHSE, E. **Märtyrertod und Gottesknecht**: Untersuchung zur christlich Verkündigung von Sühnetod Jesu Christi. Göttingen: Vandenhoeck & Ruprecht, 1955.

LUTERO, M. **Obras selecionadas**. São Leopoldo: Sinodal; Porto Alegre: Concórdia, 1987. v. 1.

LYOTARD, J. F. **O pós-moderno**. Rio de Janeiro: J. Olympio, 1986.

MANCUSO, R. de C. **Interesses difusos**: conceito e legitimação para agir. 4. ed. rev. e atual. São Paulo: RT, 1997.

MARCONDES FILHO, C. (Org.). **Imprensa e capitalismo**. São Paulo: Kairós, 1984.

MARTINS, L. Brasil tem 35 milhões de pessoas sem acesso à água potável. **Rádio Agência Nacional**, 22 mar. 2021. Disponível em: <https://agenciabrasil.ebc.com.br/radioagencia-nacional/saude/audio/2021-03/saneamento-basico>. Acesso em: 25 jun. 2022.

MAZZAROLO, I. **A Bíblia em suas mãos**. Porto Alegre: Est, 1995.

MCCARTHY, T. **La teoría crítica de Jürgen Habermas**. Madri: Tecnos, 1995.

MELO, J. M. de. **A opinião no jornalismo brasileiro**. Petrópolis: Vozes, 1994.

MENDES, J. S. Durkheim e a sociologia. **Consciência.org**, 3 ago. 2008. Disponível em: <http://www.consciencia.org/durkheim-e-a-sociologia>. Acesso em: 25 jun. 2022.

MENDONÇA, R. F. Antes de Habermas, para além de Habermas: uma abordagem pragmatista da democracia deliberativa. **Sociedade e Estado**, v. 31, n. 3, set.-dez. 2016. Disponível em: <https://www.scielo.br/j/se/a/fwPbxT6kywbDJJjD4Bd6CvM/?lang=pt 28122021>. Acesso em: 25 jun. 2022.

MENESES, R. D. B. de. A desconstrução em Jacques Derrida: o que é e o que não é pela estratégia. **Universitas Philosophica**, Bogotá, v. 30 n. 60, jan.-jun. 2013. Disponível em: <http://www.scielo.org.co/scielo.php?script=sci_arttext&pid=S0120-53232013000100009>. Acesso em: 25 jun. 2022.

MENSAGEM do Papa Francisco para o XLIII Dia Mundial das Comunicações Sociais. 24 maio 2009. Disponível em: <https://www.vatican.va/content/benedict-xvi/pt/messages/communications/documents/hf_ben-xvi_mes_20090124_43rd--world-communications-day.html>. Acesso em: 25 jul. 2022.

MENSAGEM do Papa Francisco para o LIII Dia Mundial das Comunicações Sociais. 2 jun. 2019. Disponível em: <https://www.vatican.va/content/francesco/pt/messages/communications/documents/papa-francesco_20190124_messaggio-comunicazioni-sociali.html>. Acesso em: 20 jun. 2022.

MIRANDA, M. de F. Em vista da nova evangelização. **Perspectiva Teológica**, Belo Horizonte, n. 125, p. 13-34, jan.-abr. 2013. Disponível em: <https://www.faje.edu.br/periodicos/index.php/perspectiva/article/view/2828/0>. Acesso em: 25 jul. 2022.

MIRANDA, M. de F. Igreja e Estado democrático na sociedade secularizada. **Revista Eclesiástica Brasileira**, v. 71, n. 283, p. 548-576, jul. 2011. Disponível em: <https://revistaeclesiasticabrasileira.itf.edu.br/reb/article/view/993>. Acesso em: 16 jun. 2022.

MONTERO, P. Religiões, modernidade e cultura: novas questões. In: TEIXEIRA, F.; MENEZES, R. (Org.). **As religiões no Brasil**: continuidades e rupturas. Petrópolis, RJ: Vozes, 2006. p. 1-28.

MORAES, D. de. (Org.). **O concreto e o virtual**: mídia, cultura e tecnologia. Rio de Janeiro: DP&A, 2000.

MORAIS, R. C. **Neoliberalismo**: de onde vem, para onde vai? São Paulo: Senac, 2001.

MORREU o filósofo alemão Hans Georg Gadamer. **Público**, 14 mar. 2002. Disponível em: <https://www.publico.pt/2002/03/14/culturaipsilon/noticia/morreu-o-filosofo-alemao-hansgeorg--gadamer-73484>. Acesso em: 25 jun. 2022.

MOVIMENTO ENCONTRÃO (Org.). **A presença da Igreja na cidade**. Rio de Janeiro: Vozes, 1994.

MOVIMENTO ENCONTRÃO (Org.). **E o Verbo habitou entre nós**. Curitiba: Encontrão, 1996.

MOVIMENTO ENCONTRÃO (Org.). **No princípio era o Verbo**. Curitiba: Encontrão, 1986.

MUTUALIDADE. **Dicionário online de português**. Disponível em: <https://www.dicio.com.br/mutualidade/>. Acesso em: 16 jun. 2022.

NASCIMENTO, S. **Os novos escribas**: o fenômeno do jornalismo sobre investigações no Brasil. Porto Alegre: Arquipélago, 2010.

NOELLE-NEUMANN, E. **La espiral del silencio**: opinión publica — nuestra piel social. Barcelona: Paidós, 1995.

NÚÑEZ, L. M. **Sociologia del poder**. Cidade do México: Unan, 1976.

O LEGADO do movimento de Lausanne. **Movimento de Lausanne**. Disponível em: <https://lausanne.org/pt-br/about-lausanne>. Acesso em: 16 jun. 2022.

O PACTO de Lausanne. **Movimento de Lausanne**. Disponível em: <https://lausanne.org/pt-br/recursos-multimidia-pt-br/covenant/pacto-de-lausanne>. Acesso em: 16 jun. 2022.

OLIVA, A. S. et al. (Org.). **Michael Foucault e o poder pastoral**. São Paulo: Recriar, 2022.

OLIVEIRA, P. C. de. A ética da ação comunicativa em Jürgen Habermas. **Estudos Filosóficos**, n. 1, p. 14-22, 2008. Disponível em: <https://www.ufsj.edu.br/portal2-repositorio/File/revistaestudos filosoficverart2-rev1.pdf>. Acesso em: 13 jul. 2022.

ORTH, M. A. **Experiências teóricas e práticas de formação e capacitação de professores em Informática da Educação**. 195 f. Tese (Doutorado em Educação) – Programa de Pós-Graduação em Educação, Faculdade de Educação, Universidade Federal do Rio Grande do Sul, Porto Alegre, Rio Grande do Sul, 2003. Disponível em: <https://lume.ufrgs.br/bitstream/handle/10183/179395/000364010.pdf?sequence=1&isAllowed=y>. Acesso em: 25 jul. 2022.

ORWELL, G. **1984**. São Paulo: Companhia das Letras, 2009.

PADILHA, R. John Stott, um discípulo radical. **Ultimato**, 30 jul. 2015. Disponível em: <https://www.ultimato.com.br/conteudo/rene-padilla-john-stott-um-discipulo-radical>. Acesso em: 13 jul. 2022.

PAUPÉRIO, M. **O direito político de resistência**. Rio de Janeiro: Forense, 1978.

PEDROSO, D.; COUTINHO, L.; SANTI, V. J. (Org.). **Comunicação midiática**: matizes, representações e reconfigurações. Rio Grande do Sul: EDIPUCRS, 2011.

PIERUCCI, A. F. Religião. **Folha de S.Paulo**, 31 dez. 2000. Disponível em: <https://www1.folha.uol.com.br/fsp/mais/fs3112200019.htm>. Acesso em: 13 jul. 2022.

PINHEIRO, P. P. **Direito digital**. 5. ed. São Paulo: Saraiva, 2013.

PINSKY, J.; PINSKY, C. B. **História da cidadania**. 6. ed. São Paulo: Contexto, 2013.

PINTO, C. C. **A cidade é a minha paróquia**. São Paulo: Editeo, 1996.

PINTO, J. M. R. A teoria da ação comunicativa de Jürgen Habermas: conceitos básicos e possibilidades de aplicação à administração escolar. **Paideia**, v. 8-9, p. 77-96, ago. 1995. Disponível em: <https://www.scielo.br/j/paideia/a/xJGQv8nhmfczWSDkPvPxkxq/abstract/?lang=pt>. Acesso em: 16 jun. 2022.

PLONER, K. S. et al. (Org.). **Ética e paradigmas na psicologia social**. Rio de Janeiro: Centro Edelstein de Pesquisas Sociais, 2008.

POSTER, M. **A segunda era dos mídia**. Oeiras: Celta, 2000.

POST-TRUTH. In: **Oxford Learner's Dictionaries**. Disponível em: <https://www.oxfordlearnersdictionaries.com/us/definition/english/post-truth?q=post-truth>. Acesso em: 20 jun. 2022.

RABINOW, P.; DREYFUS, H. **Michel Foucault**: uma trajetória filosófica para além do estruturalismo e da hermenêutica. Rio de Janeiro: Forense Universitária, 1995.

RAMOS, M. C. Comunicação, direitos sociais e políticas públicas. In: MELO, J. M. de.; SATHLER, L. (Org.). **Direitos à comunicação na sociedade da informação**. São Paulo: Umesp, 2005.

RAYMOND, B. **A ideologia**. São Paulo: Ática, 1989.

RIBEIRO, A. América Latina. **Brasil Escola**. Disponível em: <https://brasilescola.uol.com.br/geografia/america-latina.htm>. Acesso em: 25 jun. 2022.

RIDDERBOS, H. **El pensamiento del apóstol Pablo**. Buenos Aires: Certeza, 1979.

ROGERS, J. **Ideologia e conhecimento da realidade sócio-econômico-política**. Curitiba: Encontro, 1986.

ROSO, A.; GUARESCHI, P. Megagrupos midiáticos e poder: construção de subjetividades narcisistas. **Política & Trabalho – Revista de Ciências Sociais**, n. 26, p. 37-54, abr. 2007. Disponível em: <https://1library.org/document/y49k3lrz-megagruposmidiaticos.html>. Acesso em: 25 jun. 2022.

SAATH, K. C. de O.; FACHINELLO, A. L. Crescimento da demanda mundial de alimentos e restrições do fator terra no Brasil. **RESR**, Piracicaba, São Paulo, v. 56, n. 2, p. 195-212, abr.-jun. 2018. Disponível em: <https://doi.org/10.1590/1234-56781806-94790560201>. Acesso em: 25 jul. 2022.

SANTAELLA, L. **Cultura das mídias**. 4. ed. São Paulo: Experimento, 2003.

SANTOS, G. Martinho Lutero: a teologia da cruz em contraste com a teologia da glória. **Fiel Ministério**, 30 abr. 2007. Disponível em: <https://ministeriofiel.com.br/artigos/martinho-lutero-a-teologia-da-cruz-em-contraste-com-a-teologia-da-gloria/>. Acesso em: 13 jul. 2022.

SARLET, I. W. **A eficácia dos direitos fundamentais**: uma teoria geral dos direitos fundamentais na perspectiva constitucional. 10. ed. Porto Alegre: Livraria do Advogado, 2011.

SILVERSTONE, R. **Por que estudar a mídia?** São Paulo: Loyola, 2002.

SINNER, R. von. **As igrejas no espaço público**: rumo a uma teologia pública com enfoque na cidadania. In: CONSULTA GEMINADA: REFORMAÇÃO – EDUCAÇÃO – TRANSFORMAÇÃO. Conferência Principal I. 2015. Disponível em: <https://www.academia.edu/19641413/As_igrejas_no_espa%C3%A7o_p%C3%BAblico_rumo_a_uma_teologia_p%C3%BAblica_com_enfoque_na_cidadania>. Acesso em: 25 jun. 2022.

SINNER, R. von. **Confiança e convivência**: reflexões éticas e ecumênicas. São Leopoldo: Sinodal, 2007.

SINNER, R. von. **Missão e ecumenismo na América Latin**a. São Leopoldo: Sinodal, 2006.

SIQUEIRA, R. Da ritualização da modernidade ao fetiche consumogônico. **Revista Ethos**, ano 1, n. 1, jan.-jun. 2000. Disponível em: <https://philarchive.org/archive/SIQDRD>. Acesso em: 23 jun. 2022.

SOUZA, M. C. **Sociologia do consumo e indústria cultural.** Curitiba: InterSaberes, 2017.

SOUZA, R. B. de. **O caminho do coração.** Curitiba: Encontrão, 1996.

SPADARO, A. **Ciberteologia:** pensar o cristianismo nos tempos da rede. São Paulo: Paulinas, 2012.

STOLOW, J. Religião e mídia: notas sobre pesquisas e direções futuras para um estudo interdisciplinar. **Religião & Sociedade,** v. 34, n. 2, p. 146-160, dez. 2014. Disponível em: <https://www.researchgate.net/publication/272397756_Religiao_e_Midia_notas_sobre_pesquisas_e_direcoes_futuras_para_um_estudo_interdisciplinar>. Acesso em: 25 jun. 2022.

STOTT, J. **A cruz de Cristo.** São Paulo: Vida, 2002.

STOTT, J. **O cristão em uma sociedade não cristã.** Tradução de Sileda Steuernagel. Niterói: Vinde Comunicações, 1989.

STUART, H. **A identidade cultural na pós-modernidade.** Rio de Janeiro: PA, 2006.

STUHLMACHER, P. **Gesú di Nazaret Cristo della fede.** Brescia: Paideia, 1992. (Studi Biblici, 98).

SWINDOLL, C. **Firme seus valores.** Tradução de Myrian Talitha Lins. Belo Horizonte: Betânia, 1985.

TARDE, G. **A opinião e as massas.** São Paulo: M. Fontes, 1992.

TEIXEIRA, T. **Curso de direito e processo eletrônico:** doutrina, jurisprudência e prática. São Paulo: Saraiva, 2014.

TEIXEIRA, U. **Pelas trilhas do mundo, a caminho do reino.** São Paulo: Imprensa Metodista,1985.

THOMPSON, J. **A mídia e a modernidade:** uma teoria social da mídia. Petrópolis: Vozes, 1998.

THOMPSON, J. B. **Ideologia e cultura moderna:** teoria social crítica na era dos meios de comunicação de massa. 9. ed. Petrópolis: Vozes, 2011.

THOMPSON, J. B. **Ideologia e cultura moderna**. 1. ed. Petrópolis: Vozes, 2002.

TOFFLER, A. **As mudanças do poder**. Rio de Janeiro: Record, 1990.

TRIPP, H. **Children and Television**: Liebes e Katz, Patterns of Infolvement in Television Fiction. Pennsylvania: Penn Libraries, 1986.

TUANA, N. (Ed.). **Feminism and Science**. Bloomington: Indiana University Press, 1987.

UNESCO – Organização das Nações Unidas para a Educação, a Ciência e a Cultura. **Um mundo e muitas vozes**: comunicação e informação na nossa época. Rio de Janeiro: FGV, 1983.

UNICEF – Fundo das Nações Unidas para a Infância. **1 em cada 3 pessoas no mundo não tem acesso a água potável, dizem o UNICEF e a OMS**. 18 jun. 2019. Disponível em: <https://www.unicef.org/brazil/comunicados-de-imprensa/1-em-cada-3-pessoas-no-mundo-nao-tem-acesso-agua-potavel-dizem-unicef--oms>. Acesso em: 13 jul. 2022.

VELOSO, R. **Serviço social, tecnologia da informação e trabalho**. São Paulo: Cortez, 2011.

VIANA, T.; MACHADO, F. **Crimes informáticos**. Belo Horizonte: Fórum, 2013.

VICENTE, M. M. **História e comunicação na nova ordem internacional**. São Paulo: Cultura Acadêmica, 2009.

WEBER, M. **Ensayos sobre sociologia de la religión**. Madrid: Taurus, 2001.

WENDT, E.; JORGE, H. V. N. **Crimes cibernéticos**: ameaças e procedimentos de investigação. Rio de Janeiro: Brasport, 2012.

WOLFF, E. **Espiritualidade do diálogo inter-religioso**: contribuição na perspectiva cristã. São Paulo: Paulinas, 2020.

ZEFERINO, J. A relevância de uma teologia da cidadania na contemporaneidade. **Protestantismo em Revista**, São Leopoldo, v. 46, n. 1, p. 7-18, 2020. Disponível em: <http://periodicos.est.edu.br/index.php/nepp/article/view/3960/pdf/>. Acesso em: 25 jun. 2022.

ZEFERINO, J. **Teologia e hermenêutica**: uma aproximação. Curitiba: InterSaberes, 2020.

bibliografia comentada

ADORNO, T. W.; HORKHEIMER, M. **Dialética do esclarecimento**. Rio de Janeiro: Zahar, 2001.

Essa obra é emblemática e explica as ideias da Escola de Frankfurt. Os autores fazem uma crítica à chamada *indústria cultural*, expressão empregada pela primeira vez em substituição ao termo *cultura de massa*.

ALTEMEYER, F.; BOMBONATTO, V. I. **Teologia e comunicação**: corpo, palavra e interfaces cibernéticas. São Paulo: Paulinas, 2011.

O livro discute a relação entre teologia e comunicação sob múltiplos olhares, apresentando vários elementos essenciais da comunicação escrita e midiática. São examinados aspectos éticos e práticos da comunicação virtual e eletrônica.

AMALADOSS, A. **Pela estrada da vida**: prática do diálogo inter-religioso. São Paulo: Paulinas, 1993.

O autor apresenta as grandes religiões mundiais e conteúdos voltados para as relações ecumênicas e inter-religiosas, abordando elementos práticos para o diálogo. Trata-se de um livro fundamental para a compreensão do diálogo inter-religioso.

APARICI, R. **Conectados no ciberespaço**. São Paulo: Paulinas, 2012.

Essa obra é uma coletânea de textos de vários pesquisadores e professores do Canadá, da Espanha, da Irlanda, dos Estados Unidos, da Colômbia e do México. São abordados temas como comunicação na Igreja, meios digitais, uso das tecnologias da informação e comunicação, nativos e imigrantes digitais. Os autores discutem a relação da Igreja no ciberespaço, a construção do conhecimento coletivo e a criação de novas formas de relacionamento que afetam a vida de todos nós.

BEZERRA, C. M. **Teologia e sociedade**. Curitiba: Contentus, 2020.

Essa obra trata da importância do papel do teólogo para desenvolver práticas para a sociedade baseadas no texto sagrado e em discussões sobre a perspectiva dos estudos teológicos como base de confiança. O autor ainda trabalha as relações entre Igreja e sociedade civil, a teologia pública no contexto brasileiro e a importância de uma cultura da paz, além de fazer considerações sobre o diálogo inter-religioso.

CHIAVENATO, J. J. **Religião**: da origem à ideologia. 2 ed. Natal: Funpec, 2002.

A pesquisa desenvolvida por esse livro percorre 6 mil anos de história e tradições, sempre na busca das origens das religiões, principalmente das cinco principais religiões, cristianismo, judaísmo, budismo, islamismo e budismo. O autor desenvolve com rigor acadêmico um diálogo entre a ciência, religião, filosofia, economia e política, apresentando elementos importantes para o entendimento das religiões.

OLIVA, A. S. et al. (Org.). **Michael Foucault e o poder pastoral**. São Paulo: Recriar, 2022.

A obra é uma coletânea de vários textos que discutem diferentes aspectos ligados ao poder pastoral na atualidade segundo as ideias do filósofo Michel Foucault. É uma leitura essencial para a compreensão de como se origina o poder midiático eclesial.

PINSKY, J.; PINSKY, C. B. **História da cidadania**. 6. ed. São Paulo: Contexto, 2013.

Essa obra trata do processo histórico que levou a sociedade ocidental a conquistar direitos civis, políticos e sociais. Aborda conceitos fundamentais para a consolidação de uma cidadania plena, com base em análises de diversos estudiosos brasileiros sobre a temática.

METAVERSO: a experiência humana sobre outros horizontes. **Revista do Instituto Humanitas**, Unisinos, n. 550, ano XXI, 8 nov. 2021. Disponível em: <https://www.ihuonline.unisinos.br/media/pdf/IHUOnlineEdicao550.pdf>. Acesso em: 20 jun. 2022.

A revista busca apresentar o conceito de metaverso e sua relação com a teologia. Essa edição reúne artigos de diversos pesquisadores com o intuito de elencar elementos e perspectivas de uma nova realidade digital, relacionando várias informações das redes sociais, as quais criam novos espaços de sociabilidade virtual. Os textos ainda abordam o papel e o interesse das grandes corporações mundiais nesse processo.

SINNER, R. von. **As igrejas no espaço público**: rumo a uma teologia pública com enfoque na cidadania. In: CONSULTA GEMINADA: REFORMAÇÃO – EDUCAÇÃO – TRANSFORMAÇÃO. CONFERÊNCIA PRINCIPAL I. 2015. Disponível em: <https://www.academia.edu/19641413/As_igrejas_no_espa%C3%A7o_p%C3%BAblico_rumo_a_uma_teologia_p%C3%BAblica_com_enfoque_na_cidadania>. Acesso em: 21 jun. 2022.

O pesquisador desenvolve reflexões sobre a presença de igrejas cristãs no espaço público, especialmente no Brasil, mas também lança um olhar para os recentes acontecimentos no mundo. Desenvolve a perspectiva de uma teologia da cidadania pautada pela dignidade humana, pela confiança, pela perseverança, pelo serviço e pela condição de ser cidadão cristão.

SINNER, R. E. von. **Missão e ecumenismo na América Latina.** São Leopoldo: Sinodal, 2006.

A proposta do cristianismo está baseada na unidade do povo de Deus, sua mensagem é para todos os que acreditam, levando em conta a pobreza e os mais necessitados. O lado bonito da mensagem cristã é sua inclusão, é uma chamada para todos tem por mensagem principal ajudar os que precisam. Não podemos nos deixar levar pela mensagem secularizada da religião contemporânea, esse conjunto de textos visa m fazer uma análise entre a missão e o ecumenismo.

SOUZA, M. C. **Sociologia do consumo e indústria cultural**. Curitiba: InterSaberes, 2017.

A análise realizada nessa obra tem por objetivo apontar a influência da lógica do consumo no contexto da sociedade. Ainda aborda conceitos relacionados com a pós modernidade e aspectos do multiculturalismo e seus desdobramentos sobre a formas de comunicação de massa e ainda os efeitos no modo de vida das pessoas.

SPADARO, A. **Ciberteologia**: pensar o cristianismo nos tempos da rede. São Paulo: Paulinas, 2012.

Aplicativos para localizar diferentes temas, smartphones, a teoria do metaverso, e abrangência das redes sociais, o mundo tecnológico a cibercultura fazem parte do modo de vida das pessoas que compõem as sociedades contemporâneas. Esses diversos instrumentos tecnológicos se propõem a facilitar a vida dos sujeitos, gerando novas formas antropológicas que afetam nosso modo de ser, pensar, de conhecer e agir e afeta até mesmo as relações humanas. O autor dessa obra aponta para o fato de como o ambiente tecnológico tem afetado a fé das pessoas e o cristianismo em suas bases doutrinárias.

TEOLOGIA pública. São Leopoldo: Sinodal, 2020. (Coletânea).

A coletânea, composta por sete volumes, discute a teologia pública desde a história e a formação do conceito até aspectos sociais no mundo, na América Latina e no Brasil. A obra aborda o assunto da perspectiva de uma teologia voltada para a cidadania, em que a Igreja cristã torna-se relevante para toda a sociedade.

THOMPSON, J. B. **Ideologia e cultura moderna**. 1. ed. Petrópolis: Vozes, 2002.

O autor desenvolve uma teoria social a respeito da comunicação de massa. Oferece também um roteiro de análise dos fatos relacionados a comunicação abrangendo o contexto social e histórico no ambiente em que os fatos acontecem e também os processos de produção de ideias e a forma como se propaga e seu simbolismo relacionado.

WOLFF, E. **Espiritualidade do diálogo inter-religioso**: contribuições na perspectiva cristã. São Paulo: Paulinas, 2020.

O autor aborda a questão do diálogo inter-religioso e a importância da acolhida entre os seres humanos, valorizando o respeito, a individualidade e as escolhas de cada pessoa e enfatizando a necessidade de cooperação entre as religiões para uma real cultura de paz na sociedade.

ZEFERINO, J. A relevância de uma teologia da cidadania na contemporaneidade. **Protestantismo em Revista**, São Leopoldo, v. 46, n. 1, p. 7-18, 2020. Disponível em: <http://periodicos.est.edu.br/index.php/nepp/article/view/3960/pdf/>. Acesso em: 9 maio 2022.

Esse artigo apresenta uma análise da relação entre teologia e cidadania no contexto brasileiro. Busca discutir a relevância da teologia da cidadania e seu conhecimento no ambiente acadêmico, denotando a sensibilidade do teólogo sobre a realidade dos principais problemas da atualidade.

ZEFERINO, J. **Teologia e hermenêutica**: uma aproximação. Curitiba: InterSaberes, 2020.

Essa obra analisa as relações da hermenêutica com a teologia, observando-as sob uma perspectiva histórica. Apresenta os principais discursos teológicos e suas audiências, a hermenêutica latino-americana e o desenvolvimento da linguagem teológica.

respostas

Capítulo 1

Atividades de autoavaliação

1. c
2. b
3. a
4. b
5. d

Capítulo 2

Atividades de autoavaliação

1. c
2. a
3. a
4. c
5. e

Capítulo 3

Atividades de autoavaliação

1. c
2. c
3. a
4. e
5. a

Capítulo 4

Atividades de autoavaliação

1. b
2. e
3. d
4. a
5. d

Capítulo 5

Atividades de autoavaliação

1. b
2. e
3. c
4. d
5. d

Capítulo 6

Atividades de autoavaliação

1. b
2. e
3. d
4. e
5. d

sobre o autor

Cícero Manoel Bezerra é doutor em Teologia pela Pontifícia Universidade Católica do Rio de Janeiro (PUC-RJ), mestre em Teologia pela PUC-PR, pós-graduado (MBA) em Ciência Política: Relação Institucional e Governamental pelo Centro Universitário Internacional (Uninter) e bacharel em Teologia pelo Seminário Evangélico Betânia. Atualmente, está cursando MBA em Gestão de Cidades Inteligentes.

É professor há mais de 30 anos. Trabalha com treinamento de líderes e mobilização de lideranças estratégicas para o desenvolvimento comunitário. Já viajou para mais de 40 países para realizar palestras e ações estratégicas de mobilização. É autor de 42 livros.

Os papéis utilizados neste livro, certificados por instituições ambientais competentes, são recicláveis, provenientes de fontes renováveis e, portanto, um meio **respons**ável e natural de informação e conhecimento.

Impressão: Reproset
Março/2023